谨以此书献给傅二石先生周年祭

目录

2017年7月13日，傅二石先生因病于南京去世。早在十年前，我就约请先生做一本《傅二石谈傅抱石》。作为傅抱石先生的次子，又是山水画家，傅二石心中的父亲一定有着不可替代的价值，但由于种种原因，谈话始终没能开启。2016年，由于创办《爱尚美术》杂志，与先生的谈话终于以杂志连载的方式开始。在设想中，杂志刊载的内容，仅是《傅二石谈傅抱石》的一个引子，但先生的溘然长逝，让谈话定格。本书记录了傅二石先生仙去前与我们完整的谈话，他的讲述将我们带入傅抱石的家乡江西，带入重庆金刚坡，带入穿越历史烟云的永恒图像，那贯穿于山水奇境的精神力量。在傅二石先生去世一周年之际，我们推出这本书，让我们共同在这回忆中体味人性与山水之美。

图书在版编目（CIP）数据

傅二石谈傅抱石 / 傅二石，张荣东著. 一济南：山东画报出版社，2019.1

ISBN 978-7-5474-2785-9

Ⅰ.①傅… Ⅱ.①傅… ②张… Ⅲ.①傅抱石（1904—1965）—生平事迹 Ⅳ.①K825.72

中国版本图书馆CIP数据核字（2018）第129772号

傅二石谈傅抱石

傅二石　张荣东　著

張榮東工作室 出品

责任编辑　秦　超　姜　辉
特约编辑　王凤娟
装帧设计　王凤娟

出 版 人　李文波
主管单位　山东出版传媒股份有限公司
出版发行　山东画报出版社
社　　址　济南市英雄山路189号B座　邮编　250002
电　　话　总编室（0531）82098472
市场部（0531）82098479　82098476（传真）
网　　址　http：//www.hbcbs.com.cn
电子信箱　hbcb@sdpress.com.cn
印　　刷　济南龙玺印刷有限公司
规　　格　170毫米×240毫米
17.25印张　178幅图　150千字
版　　次　2019年1月第1版
印　　次　2019年1月第1次印刷
书　　号　ISBN 978-7-5474-2785-9
定　　价　48.00元

傅二石谈傅抱石

傅二石 张荣东 著

山东画报出版社

访谈

金刚坡下

——傅二石谈傅抱石之一

张荣东：傅先生好，这次找你来主要是因为我们杂志有个栏目叫“传薪”，想找你谈谈你父亲和你自己。

傅二石：我虽然很忙，但这个话题对我来讲很有吸引力，其他的事情可以先放一放。

张荣东：谢谢，另外我们也是老朋友嘛。

傅二石：不错，我们是老朋友，有很多话题还没谈够。

张荣东：那我们先从你对父亲的理解开始吧。像傅抱石名气这么大，你作为他的后人继承了他的衣钵，也是画山水。虽然这种山水风貌和你的父亲不同，但是你们对山水画的情怀是一样的。我们知道，在你小时候父亲对你的影响是入骨的。你是什么时候意识到你父亲是一个画家，并对他的画产生印象的？你也是走了一圈才回到山水画上的吧？

傅二石：不错。那是我在山东艺专留下的照片。我坐在前面，后面墙上全是画，没有一张山水画，画的都是人像，那是另外一个阶段了。

张荣东：你什么时候开始画山水，是回到南京之后？

傅二石青年时期照片（本书图片说明由编者整理，部分画作信息不够详细。）

傅二石：起先受家庭影响，我很小就对画画感兴趣。那时候画油画和素描，对美术的兴趣很广泛。直到后来我对父亲真正有所了解的时候，对山水画的兴趣就变大了。尤其是对父亲创造的中国新山水画中的独特技法和艺术上的创造性，那是我从前所不了解的。

我哥哥傅小石在西洋画方面造诣很高，他在中央美院学的是版画。我的家庭肯定对我有影响，家里平日来往的人都是画家、名人。我3岁时，跟着家庭逃难，从老家一直到重庆。那时候的环境和条件是不能用语言形容的。可能你们都无法相信，那时候我们住的地方只能用“贫民窟”三个字来形容，就在一个地主的院子里面挑了一间很简陋的房子和山沟里的一

金刚坡下抱石山斋

间仓库，连窗户也没有，只有两块透明瓦可以透下一点光。在那种环境里，味道就别提多难闻了，而我们只能把家安在那里。我父亲是个文人，他给这个在金刚坡下的房子取了一个雅名，叫“金刚坡下抱石山斋”，或者简称“山斋”，并题到画上。

我父亲总是和石涛比，根据石涛的记述，他有一段时间也住在农村的一个山斋，每当有风有雨的时候，他的画就会被刮掉。我父亲就反复地引述他的这段回忆，并自己总结道：“我住的这个地方非常简陋，相比我而言，石涛的房子都远远不及我的艰苦。”我们在那个地方待了 8 年，到 1946 年深秋才离开重庆来到南京，那年我刚刚 11 岁。

这段时间对我来讲是童年时代，我是江西人，生在南昌，但南昌家乡的事情完全记不得，因为两岁不到，我们就开始逃难了。经过一年多时间，我 3 岁时，逃难到重庆。从那时起我才慢慢地有了记忆。到五六岁的时候，我每天看着父亲在桌子上画画，他觉得我稍微长大点了，可以研墨、拿东西、倒水，可以帮他做一点事情，就开始使用我了。让我帮他做一点服务性的工作。他画画的桌子旁边一定要有一个木炭烧的炉子，它像个烘干机。因为画画用的水很多、墨很多，一张纸画完了以后湿漉漉的，没法继续画下去，等到画半干时，我父亲才能继续画，有些画讲究这个效果。所以这个炉子不可少。夏天很热，重庆的山区更热，他这个炉子也是要点着的，不是烤火，也不是取暖，是为了烤画。烤画的时候，将一张大纸拿到火炉上烤，两个人手牵着，还不能失手。

张荣东：失手就烧了。

傅二石：小时候我印象最深的就是这种活，还有磨墨。我父亲很讲究用墨，墨要好。他用的墨不是普通写字的墨，也不是街上卖的墨，他用的是乾隆墨。古代的墨，质量很高。研墨是个“大劳动”。砚台很大，起码要用半杯水倒进去，这意味着我两个多小时不能干任何别的事，得研墨。研墨还要小心，不要把墨弄出来。这是一种劳动，这种劳动也不是我一个人承担。我虽然是小孩，但是我经常有空就给他研墨。我母亲自称“研墨妇”，

傅抱石 《石涛上人像》 137.5cm×58.5cm 1942年

傅抱石　《兰亭图》　60.8cm×100.2cm　1956 年

因为她磨的墨比我多多了。我哥哥做这种磨墨的事情大概比较少，因为他上学比我早，在一个远处的学校上学，住在学校里。

墨要磨得很浓才能画。而我是个贪玩的孩子，这个劳动对我来讲是个很大的负担，往往达不到父亲的质量要求。我不讲究质量，磨一会儿就想出去，所以我经常挨骂。挨骂后，我还得再磨一个钟头。

还有一个重要的项目是什么呢？我父亲好喝酒，他每天都要买酒。

张荣东：散装酒？

傅二石：酒馆里就像《水浒传》里武松喝的那种酒，一个大罐子，上面压一个大米袋子，你来了以后他给你打酒，我每天都要去给父亲打酒。我五六岁的时候就开始给父亲打酒了。那个酒馆离我们家也就二里路，我一路小跑，拿着空瓶子、铜币，跑到那里打酒，少则半斤，多则一斤，打了酒就往回跑。我回到家，父亲才有酒喝，因为父亲喝酒绝不剩余。那是什么酒呢？就是高粱酒。老百姓都会用高粱酿酒，我父亲就讲究两个字——度数。

张荣东：一定要高度的。

傅二石：低度是不解决问题的，就喝那个纯高粱的烈性酒。我父亲好喝，但是酒量不是外人想象得那么大，他自认拼不过周恩来总理，跟周总理喝过几次酒，周总理真的是好酒量。

关于我父亲的酒量，我是权威的评论家。他只要把半斤酒喝下去了，就开始发点酒意，说话什么的就有点变化了。这个变化对我来讲，可不是好变化，一般说大人要给小孩找毛病，就在这时候灵感来得快。他会想到我闯过什么祸，想到我干过一件什么坏事，都在这个时候来找我算账。我一看他喝完半斤，赶紧找机会溜，不在他旁边待着，因为我干的坏事太多了。调皮嘛！我小时候凡是小孩调皮的事情都爱干，学习成绩一般，我 4 岁上学，年龄不够，只好留级。

当时在那个叫金刚坡的穷山沟里头，农民都知道傅抱石把地主的仓库变成了“山斋”，这个“山斋”后来变得有名了。我父亲在重庆市开画展，名声越来越大，不仅是中国人，连外国人知道的也很多，有些外国人很喜欢我父亲的画。我们住的地方离重庆市区有几十里。要找他是能找到，只是外国人去也得“享受”农村的一切待遇，这方面有好多故事。

张荣东：他们去了住哪里呢？

傅二石：连夜返回重庆啊。我那时对外国人很感兴趣。

张荣东：见得少。

傅二石：他们鼻子高，说话我听不懂。特别是有那么几回，外国人从重庆市来到金刚坡下山沟里头，找到这个“抱石山斋”，那时候一来都是好多外国人，一群。他们是什么人呢？他们都是外国大使馆的官员，有文化参赞、大使、翻译，还有中国的工作人员。就在这个交往的过程中，外国人得到了很多我父亲的画。外国人喜欢他的画，那是好事。有些外国人也会有一些特别的要求。我记得，有一位大使夫人找到我父亲，她中国话

傅二石　《川西冬季一景》　105cm×233cm　2015 年

讲不好，父亲的学生有懂外语的。她说："我做过一个梦，梦见非常美丽的花园，还有个教堂……"她形容了半天，说："你把我这梦画出来吧，你是中国的大画家，我相信你能画出来。"我父亲只好答应，末了给她画了，她大为高兴，因为有她梦里见到的东西，有教堂、有花。这张画竟然得到了大使夫人的赏识，父亲很高兴。过了几十年，我父亲不在了，画的持有者后来听说傅抱石的画值钱，就把那幅画拿出来拍卖，卖了几十万美元。他们当时只要花一百美元就可以买一张挺大的画，五十美元就可以买一张中等的画，现在变得值很多钱了。这些外国人是意大利人、英国人、法国人等，经常成群结队地来找我父亲要画。所以这些年总是有苏富比、佳士得拍卖傅抱石的作品。

张荣东：都是海外回流的。

傅二石：比如法国大使馆的一位文化参赞，在佳士得拍卖的图录上看到这个人还活着，90 多岁了，他要把他手里的傅抱石的画拿出来拍卖。有一张是父亲当年给那位外国人画的像。图录上刊登了他的近照。这张画和

20 世纪 40 年代，在读书、思考时的傅抱石。

他的近照是同一角度，时间上虽然相差好几十年，但我一看这张画画得真像，和他现在一模一样，风度、五官结构都很像。我父亲的画在欧美流传得比较多一点。

张荣东：你们怎么招待外国人吃饭呢？

傅二石：鸡鸭鱼肉达是样样有的，就是没有叉子，只有筷子，这就难住这些外国人了。他们有的在中国待的时间长，会拿筷子，但大部分不会用筷子。不会用筷子怎么办？因为饿了，就用手抓。每次吃饭的时候，周围都围满了人。房子有门有窗户，可以通过它们看这些老外吃饭，尤其是看手抓饭，碗里的菜用手抓起来就吃，我印象很深。

每次外国人到我家以后，先看我父亲的画。我父亲拿出几十幅，让外国人在那里挑，喜欢哪一张不喜欢哪一张，他们经常会发表评论。挑好了，也到吃饭的时间了，他们先吃精神食粮，然后再改成物质食粮。

我对我们房东的印象最深。那是个老地主，个子很矮，自以为在当地

傅抱石　巴山夜雨（1944年）　南京博物院藏

1963 年，傅抱石回到重庆郊外金刚坡下，走在龙凤桥上。

有点势力，了不得。自他知道那些外国人到山沟里来，是为了要傅抱石的画之后，便对我父亲刮目相看。他看我父亲每天睡到十点，拿个笔涂一涂，竟然惊动了外国大使，了不得。他以前经常到我家来，往躺椅上一坐，就开始说他的生财之道。自从外国大使来了之后，他就不再讲这个话了，他说："我看算了吧，你还是不要买地吧，你就这么画下去，把外国大使画过来，了不得。"

有外国人来是偶然的。我父亲在那个地方的生活，每天都很辛苦。辛苦到什么程度呢？他有几件必须要做的事，就是不管多忙都不能放下的事，其中一件就是写文章，他老有几本书没写完。在那个时期，他写关于石涛的书，还有关于篆刻的书，他要把它们尽快写完，因为出版社等着出版。画画是兴趣，写文章则不同，是最费时间的。

张荣东：写文章费的工夫能画好多张画。

傅二石：不错，所以我这一辈子就写了几篇关于我父亲的文章。有一篇最长的文章长达一万多字，就是关于金刚坡时期的回忆，我把 8 年的时间浓缩在一万多字的文章里。

我父亲一生最离不了几桩事情，其中有一桩就是写文章、写书。他一辈子写了不少书，不过肯定没你这么多。你几年时间就写了十本，那是多少字？

张荣东：两百万字有了。

傅二石：你几年写的相当于我父亲一辈子写的文章了。

其命惟新

——傅二石谈傅抱石之二

傅二石：我父亲有个写作纪录，你们要破也不容易。他二十多岁时，写过一本书叫《中国绘画变迁史纲》。当年，他在中学教中国绘画史理论课，把讲课稿拼成了一本书，那是他的第一部学术著作。这本书把中国一两千年的绘画史浓缩进去，读者会从一个新的角度认识中国绘画史。这本书不仅包含了绘画史的变迁，也包含了绘画风格的变化。关于变迁的原因书中也有他独到的分析，每一次变迁都会引起中国画整体风格的变化。

本世纪初，上海古籍出版社要重新出版这本书。出版名目就是选中国近代文人中最好的、最突出的，每人精选一本短小精悍、最有学术内容的书，编成一套，鲁迅、胡适都在其中，傅抱石是唯一的一位画家，他被选中的书就是《中国绘画变迁史纲》。当时，出版社找到我父亲的一位学生写序，这位学生说，这本书虽然是老师70多年前写的，直到今天它的学术价值依然存在，值得再版。

父亲爱写书，他写了很多书，还翻译了一些外文书。他在日本期间翻译了《基本图案学》，还翻译了日本人写的关于地质学的书。那本书的作者是个地质学家，到过世界很多地方，每一个地方的地质特征都用中国的毛笔描绘出来，虽然艺术价值不高，但它提供了一个可以让人了解中国、美国、欧洲、非洲等地区地貌特征的参考。我父亲就编译了这本书，很厚，他不仅要翻译过来，还要结合中国画的特点把书的内容重新理解、归拢。他觉得，把这本书介绍到中国来肯定会对画家有帮助。

另外，父亲还喜欢篆刻。

张荣东：他篆刻成名甚早。

傅二石：十来岁时，他已经刻得很熟练了。快二十岁时，出了第一本《傅抱石印谱》。为了刻章，他吃了不少苦，刻完了章要盖在纸上，却连个纸头都找不到，没有钱买任何纸，他就往手上、裤子上盖。我奶奶最恨他这个毛病，恨得不得了。因为印泥不管好坏，都是油性的，她每次要很费劲才能把衣服洗到原来的样子。父亲在《傅抱石印谱》序言中也提到：我每次为此挨母亲打，打得我直喊疼，但是事后依然如故，还在衣服上盖。父亲生平最爱的就是刻章，他一生刻了几千方章，印谱出版了很多。他不光研究怎么能刻好，对中国篆刻的发展、篆刻代表人物的研究也很多，像徐三庚。他还写了很多关于篆刻的书。中国有他章的人很多。

父亲走了几十年了，前几年我母亲也不在了，我们兄妹几个商量了一下，决定把父亲留下的凡是具有文化价值和学术价值的作品都捐给政府，以得到更妥善的保管。放到我们兄妹这里，谁都没法保证。我现在已经 80 岁了，我要有好东西，最后落到哪里不敢说。当时我们捐赠了几十方图章，还有很多写作手稿。

张荣东：这非常有价值。

傅二石：这其中很多手稿是我母亲抄的，我母亲是他的助手，手稿有不少。再就是画，大画在这之前我们已经捐给政府了，捐了好几百幅。这次捐了好几大本用铅笔、钢笔写生的作品集，还有书法作品。我们把这批东西统统捐给了南京博物院，我们只捐给这一个单位，因为它会被当作文物保存下来。

戊子 石印

傅 石印

抱石 藕粉冻

不及万一 石印

一九六〇 石印

傅 石印

一九六五 石印

往往醉后 石印

苦瓜诗意 石印

傅抱石 石印

上古衣冠 石印

换了人间 石印

我父亲刻的很多章都很有名。像“往往醉后”刻了好几方，意思是他的画往往是喝了酒以后画出来的。但是他留有余地，他是“往往”醉后，不是说每次都喝醉，要是真喝醉了，我父亲也画不了了。他喝几杯提兴、提神，绝对离不了酒。

张荣东：传说他是不喝酒不动笔的。

傅二石：别人都有文房四宝：笔墨纸砚，他还有第五宝，那就是酒。这一宝不是每个画家都要有的，只有傅抱石有这一宝，而且把这一宝看得很重，它的重要性不在笔墨纸砚之下。他这个习惯我非常了解，一看他要准备画画了，不能缺这一宝，就赶快把酒倒上。

他要喝上两口，才拿得起笔，拿起来才有力度。1959 年，父亲到北京接受了一项光荣的任务——为人民大会堂画一张大画，那时候是和关山月一块儿去的。这个任务是周总理亲自抓的，有人向总理反映说，怎么感觉傅抱石的劲头还没上来。周总理 20 世纪 40 年代在重庆就认识我父亲了，总理说，那他还缺一样东西——酒。于是，周总理动员了中南海里的老干部，

傅抱石和关山月在作画。

哪家藏有茅台酒的贡献出来，说这里有一个大画家非酒不行，有酒才能画出最好的画来。

令我父亲高兴的是，他的搭档关山月有一个最棒的习惯——不喝酒。周总理一视同仁，两个画家嘛，每人每天发一瓶。父亲最高兴了，因为两瓶酒都是他的了。

张荣东：后来，你们家从重庆搬到南京，生活上变化很大吧。

傅二石：我们从金刚坡“抱石山斋”搬到南京，环境变化太大了。

张荣东：到南京后是住在傅厚岗吗？

傅二石：傅厚岗的房子是我们自己买地盖的，徐悲鸿也住那里，一墙之隔。他的前夫人蒋碧薇跟我们很熟，那时蒋碧薇跟我父亲说她家旁边还有一亩大的地，希望我们买下来，我父亲就答应了。当时父亲在上海开了个画展，赚了一笔钱，就叫他的学生来办这件事。

张荣东：你父亲到南京后，他的精神状态、绘画状态变化大吗？

傅二石：先说说到南京之前的那段时间吧。那是1946年，抗日战争结束了，我父亲心情大解放，他的工作单位中央大学忙着搬家，要一年多以后才重新招生。上不了班，什么都干不了，父亲就在家里画画，那一年画的画特别多。所以，现在全世界的人都带着傅抱石的画要到我这里来过一关——看看真假。

张荣东：傅抱石在金刚坡最后的时期出现了一个创作高峰。

傅二石：是的，我们1946年11月才离开重庆，他在金刚坡下大展宏图。

刚到南京没有好地方住。现在你们要去成贤街，从东南大学东门进去不远就可以看见我们家，那是刚来南京时住的房子。

张荣东：现在还有吗？

傅二石：现在没有了。当时那里共有四座平房，ABCD，我们住的是D平房，最外面一座，很简陋，我们住了挺长时间。谁要找傅抱石就去D平房，连外国人都记住了D平房。在那里除了上课，还可以画画。我印象中1947年画得比较少，因为当时时局不稳。有在重庆工作的外国人来南京求画，

1947 年傅抱石全家在南京鸡鸣寺合影

父亲就给他们画一些，朋友之间的应酬也有，除此之外，其他应酬大大减少。直到 1948 年父亲在上海开了个人画展，之后就回江西老家待了一年多。在江西画得也很少，当时父亲住在一个朋友家里。

张荣东：他在南昌，没有回新余？

傅二石：没有回新余，新余没去头。

张荣东：傅抱石留在大陆是不是也跟徐悲鸿、周恩来、郭沫若、谷牧是好朋友？

傅二石：按我父亲的性格来讲，他是非常顾家的。他不热衷政治，他信他的艺术。那时候大部分人都留下了，只有张大千走了。张大千走后，周总理要我父亲动员他回大陆，结果张大千回一个信说："我叫你来你不来，你叫我回我也不去。"

张荣东：中华人民共和国成立后，傅抱石的创作又迎来一个高潮，写生活动非常多，包括几次非常有名的写生，一直到东北。

傅抱石韶山速写，1959 年。

傅抱石在天池写生。

傅二石：不错。

张荣东：这个过程对你有什么影响？你觉得他的状态有什么变化？他为什么画了那么多作品？

傅二石：搞公家的活动比较多了。

张荣东：他是金陵画派的老大。

傅二石：那时候好多官员都很热爱绘画的。

张荣东：康生特别喜欢。

傅二石：对，还有陶铸、陈毅。

张荣东：谷牧、郭沫若更不用说了。

傅二石：我记得 1950 年的一天，有辆吉普车开到傅厚岗，从车上下来一个穿军大衣的军人。此人的官不是太大，但他喜欢字画，也知道傅抱石

傅抱石天池速写，1959 年。

傅抱石写生，1959 年。

傅抱石 《西那亚城中俯瞰》（1957年）

傅抱石　《人人送酒不须沽》　58.7cm × 77.1cm　约 1942~1946 年

的大名，他来求见，从此和我父亲成了好朋友。后来，他当上了当时国防部武官处处长，他可以向全世界上百个国家派武官，他为了求我父亲的画，每次给武官下任务时都附带一项个人任务，就是买当地最好的酒回来。

张荣东：难怪是好朋友，这个太厉害了。

傅二石：他了解我父亲的爱好，那时一瓶茅台换一幅傅抱石的画不成问题。

张荣东：尤其是陈年好酒。

傅二石：据我所知，他应该有相当多傅抱石的画，其中有一些就是用酒换来的。他夫人有个大箱子，装了满满一箱子，她发誓不给任何人看，她知道找她的人都是想来买画的。这个人搞得酒太多了，我家最后几年住汉口路的时候，三层阁楼上全是酒。父亲走了以后，我也经常去那个地方。

张荣东：都让你喝了。

傅二石：不是。这个藏酒的秘密还有人知道，他们是我父亲的酒友，当地的一些领导干部，他们经常找机会来喝傅抱石的酒。他们都知道我父亲人走了，酒还在，儿子肯定没那么大酒瘾，所以要来喝，来多了我就烦了。直到有一次，我暗自下决心给他们喝“好酒”。于是，我到楼上找了一瓶自认为可以让他们消除喝酒兴趣的酒，那酒瓶上写的什么我不知道，总之怪怪的、黑黑的，像酱油一样，我打开来舔了一下，味道也不好，就拿这个酒打发底下的客人。我把酒拿出来之后还谦虚了一下，我说没有好酒了，就这个酒了。他的这些酒友里还真有内行，一看：“啊，这是斯大林家乡格鲁吉亚产的世界名酒，你还有这么好的东西。”我的计划又全部泡汤，他们还要来喝。直到“文革”，老干部都被打倒了，他们才不来喝了，但是又有新的来喝的了——红卫兵。我当时还采取了措施，但是也没管用。我家纪念馆傅抱石像那里，原来没有像，是个洼地，我在那里挖了个洞，把剩下的酒都放进去了。

张荣东：酒窖。

傅二石：有一天，我自己来了酒瘾，到了晚上，我拿铲子把它挖出来解馋。

还没弄两铲子，就听到一声喊，一群人拿着铁杠子、打着手电，以为抓到了坏人，结果一看原来有这么多好酒，他们高兴得不得了，痛饮了一晚上，第二天也没什么事了。这都是那个武官处处长给我惹来的麻烦。

张荣东：当年你父亲出去写生，带你去过吗？

傅二石：有，但比较少。我去过北京、浙江。

张荣东：浙江富春江？

傅二石：父亲在富春江写生时，我全程跟了他一次。

张荣东：能聊聊整个过程吗？

傅二石：这个过程我还是印象比较深的。我父亲变得越来越忙，不光是画家了。

张荣东：职务也很多。

傅二石：他的职务越来越多，找他画画的人多，公家的任务也多。后来，我在山东上学，放假回家就把我画的画拿给他看，他作为指导老师这时候是最积极的。他要求我临摹古画，看到我画的画后说："你还要再临三次，还要临摹马远的。"

张荣东：他对你也布置作业？

傅二石：对。我每次回家都有作业，不敢怠慢。有一次，他从日本带来一个高质量的《富春山居图》的复制品，那时国内还没有。

张荣东：应该是印的那种，高仿的。

傅二石：对。日本人印得比较好，我临摹得很认真。他说，你临摹古人的画，得把古人当楷模，要想尽办法把古人作品中最值得你下功夫的地方好好临。于是，我临了一遍又一遍。我对《富春山居图》的印象特别深。

有一次，我拿了临摹的《富春山居图》到杭州给他看。他说有个好消息，马上有车来接他，要沿富春江、新安江一直走到新安江水库，源头就是《富春山居图》的远景，画中的景象我们都能看见。听到这个消息我很高兴。那次的行程，我听父亲讲了很多道理。他给我讲黄公望作画的特点，说黄公望的功夫在每一笔、每棵树上，让我不能疏忽作品中的一笔一画。路上

傅抱石 《天池飞瀑》 137.2cm×67.7cm 20世纪60年代初

傅抱石《镜泊飞瀑》45cm×117cm

有很多人陪着，我们沿途先看风景，每到一个地方父亲说停下来就停下来，那次我得到了很多启发。父亲说，《富春山居图》虽好，但今天的画家应该用新方法来画。父亲总是想着在艺术上创新。他写生回来后，出版了一本《浙江写生集》。

张荣东：傅抱石先生的画我看了很多，从小学就看，他的画法是非常新的，前所未有。他是一个非常伟大的创造者。很多人学傅抱石，学傅抱石应该画出自己的风格来，所有的艺术家都是这样。上次我到北京和朋友聊起写生，我对傅抱石富春江写生是很有兴趣的。他们提到李可染，说李

可染写生对着一棵树能画半天，傅抱石写生有时候就两笔，问我觉得谁高，我说：“不能说谁高，谁画好了谁高，他两分钟能画好、画一上午能画好，那都是好画。”

傅二石：这个说法非常客观。

张荣东：傅抱石的写生，非常简约，就记当时的感触，就是那么几笔，非常有特点。

傅二石：我父亲有个四个字的座右铭，叫“其命惟新”。这四个字的意思就是说，他生下来从事这个行业为的就是这个“新”字。

傅抱石《虎溪三笑》28.2cm×39.7cm 1954年

张荣东：这是他的使命、他的承载。

傅二石：他的使命感很强。那时候画家都想创新，但是像傅抱石这样，始终把这四个字当成生活信条的人很少，他觉得创新是人生最重要的事情。他不到 61 岁就走了，直到最后，他还想着艺术创作中哪些方面还没达到自己对“新”的要求。他说，再给他十年，在技法上还想有革新，当然不是彻底的革新，就是在原有基础上创新。我们现在搞傅抱石纪念活动时，一般会把这四个字列在前面——其命惟新，这是他的艺术信条。

左壁观图　右壁观史

——傅二石谈傅抱石之三

张荣东：关于傅抱石画画，坊间有诸多传说，据说他画画是不容许别人看的。

傅二石：从我记事开始，眼前就是父亲的一张桌子。那不是一张画桌，更没有这么大，那是一张普通的四方桌子。那张桌子太重要了，每天吃三顿饭，就靠这张桌子，绝对没有第二张。昨天我给你们看的照片，在那样可怕的、黑暗的房间里不可能有什么好桌子，那是房东施舍给我们的，就是生活总要有一张桌子嘛，他就没有想到傅抱石要在那张桌子上干什么事，他绝对不会想到。那张桌子对我父亲的贡献怎么讲都不过分，他每天趴在上面写、画画。8 年呐，很多伟大的著作都是在那张桌子上完成的。博物馆里找得到的、收藏家手里有的画就有几百张，都是在金刚坡时期画的。

那时候只有单位里有办公桌，但是他的绘画工具都在家里，所以他大部分时间还是在家里画。父亲用的纸不是宣纸，不像我这张宣纸（傅二石指着画室墙上的一张新作品）值好几万，因为这个纸已经藏了好几十年了。他用当地土产的包装纸，那个纸是最不值钱的。你买二斤点心，他们拿个

傅抱石　金刚坡下之雾　1953 年　朱洁夫藏

纸包一包给你，不会再额外跟你要钱吧？所以那是最便宜的纸。后来凡是要造假的，必须先要搞到那种纸，现在鉴定真假，纸是关键。那个纸发黑发黄，不漂亮，但是到了傅抱石手里，就能画出独具风格的“抱石皴”。自古以来，画家以自己名字来命名一个画法的，有是有，但太个别了，就像米芾，他用一种点法，用大笔点墨点，一点一点去点，就画成了山、成了云，翻开中国的绘画史、艺术史，一两千年仅有的一个例子，以自己名字命名的画法，叫做“米家点”（简称“米点”），他享有绝对的个人知识产权。

傅抱石可不是点，他那只笔挥洒自如，一张大纸几分钟就能把它画得满满的，你叫它涂也行、刷也行，他不在乎这个动作像什么，只在乎墨到纸上出现的效果。画家是很有意思的，可以任意发明，在艺术上发明是件很容易的事，我看小孩都可以发明。傅抱石就用他独特的办法来作画。一支毛笔结构很简单，到了他手里，他可是“胆大包天”呐。为什么敢讲“胆大包天”？这个“天”指的是传统画法。传统画法是不容许你把这支笔乱用的。

张荣东：传统画法要中锋用笔嘛。

傅二石：像我父亲这样画，开始别人不承认它是国画。看画展时，一个很有威望的大学者（不是普通人），当时很有名，他就写了四句打油诗，登在《民国日报》上，“远看像冬瓜，近看像蛤蟆。原来是国画，哎呀我的妈！”打了一个大大的惊叹号。哪一个大画家还有这种笑话？没有的。

我刚才说的那张桌子，吃饭的时候它是饭桌，在房间当中，一吃完，赶快把东西都收掉，然后再把画画的工具摆上去，每天都这样。桌子放在房间当中画画，写文章都不行，因为光线不够，那里没有电，我十岁时才见到电。我们那个房子黑乎乎的只有一个窗户，外面有个大木板子，连玻璃都没有。下大雨的时候，把那个木板子放下来，挡住窗户，但是进来的光线太少。幸好有一个门比较大，是双层开的，这是唯一对我父亲有利的地方。

张荣东：两扇。

傅二石：对，可以进来光线，这对他来说是很关键的。我们把桌子放到靠近门口的地方，再把门打开，每天都这样。有阳光照射也会妨碍画画，但如果没有光线，其它什么“抱石皴”，一切都不要谈。桌子不够大，所以他没办法画大画，连研墨都要好好地注意不要把墨打翻。他就将就着这个环境在那里画了 8 年。那里冬天很冷，但夏天更难过。

张荣东：蚊虫多，而且也闷热。

傅二石：主要是山沟里太阳照射温度很高。我父亲的形象我给你们形容一下，因为那时没有留下任何照片。他在那张桌子上画了 8 年，没有任何人给他照相，照相也照不好，光线太差。他画了几百幅画，现在每张画最少值几百万，贵的值几千万。前一段时间拍卖公司找到一张傅抱石的四尺大画，四尺在那个桌子上是极限，再大大不起来了，画的是屈原的《山鬼》，当时标价是2800万－3800万，最后成交价是5000多万。中国现在有钱人多，一张傅抱石的好画出来，所有有钱人都惊动，最贵的画可以卖到一两个亿。父亲 1954 年画的《云中君和大司命》，两个神坐在龙车上，在云雾里，在

傅抱石 《云中君和大司命》 221.5cm×132cm 1954年

傅抱石在作巨画《江山如此多娇》。

大雨倾盆之中，巡视。这张画是从一个新加坡的藏家手里拿过来的。

张荣东：那幅画拍出了 2.3 亿元的高价，也刷新了傅抱石个人作品的拍卖纪录。

傅二石：不错，当时定价就 1.8 亿。

那张画是在南京画的，在金刚坡画不出来。到南京后，条件大为改善，首先是光线够了，不用抬桌子了，还有电灯，晚上也可以画。在重庆 8 年，晚上是绝对不可能画画的，他可以写文章，可以看书，但画画完全不行。到南京以后，我父亲的条件也不能跟现在的画家比，现在最差的画家也比傅抱石当时的条件要强得多，就像我这个条件，不知道我父亲是否想象过。后来，他在人民大会堂画了几个月，那房子就够大了，空间无限。

张荣东：想画多大都行。

傅二石：不错。他不是画一座山，而是要画全中国，《江山如此多娇》的意境来自毛泽东诗词，毛主席的诗词水平很高、气度宏大，想象力非常丰富，充满了浪漫主义色彩，启发了画家的想象力。和关山月合作完成后，当时领导都很满意。后来有人评价说这画远不是最好的，但当时是政治任务，他们找到傅抱石来担当这项任务，也不是偶然的。他一口气画了三个月。

张荣东：那幅画太大了，三个月也够快的。

傅二石：我父亲习惯于金刚坡的地盘，不光是画小画，有时候也画大一点的画，他有一张有名的画叫《丽人行》。中国现在做绘画生意都讲价钱，中国的画开始卖几万块，后来卖到几十万，再后来还有卖到几百万的。《丽人行》是第一个卖过一千万的，这张画卖到了台湾。中央电视台当天的新闻重点报道了这个消息，接着海外的朋友都纷纷来信说看到报道了，一时间成了一个世界新闻。那时候过千万的概念跟后来过亿还不一样，一亿虽然是十倍于千万，但是过亿时候的影响力和舆论的震撼远远不及那个一千万，听了都吓一跳。

张荣东：你父亲绘画的时候往往得喝点酒嘛。到南京之后真有酒了，因为金刚坡比较困难。

傅二石：我不是告诉你们说有个武官吗？他给派到世界各地的武官都附带一个个人任务，带当地最好的酒回来，钱由他报销。这个人为了投我父亲的喜，为了得我父亲的画，可以拿得出这点钱，最后搞得楼上全是他的酒，世界各地的酒。我们住傅厚岗的时候环境不好，对面是个印刷厂，机器 24 小时轰隆轰隆地响，妨碍父亲画画。父亲需要安静的环境，我们就搬到了汉口西路 132 号小山头上的一座别墅里，加上阁楼一共三层。房子外是个很大的院子，有很多植物，我父亲最喜欢丁香花，喜欢闻那个味，所以那里种了很多丁香。参天大树有很多，还有巨大的松树。

他老人家在他的画室里挂了一副对子，这副对子专门谈喝酒，这是他和其他画家的区别。“左壁观图，右壁观史”，左边看画，右边就看书，

傅抱石夫妇与儿女在汉口西路家中

书架摆在两边。“有酒学仙，无酒学佛”，他很客观，他不能保证每天都有酒，但是应对的方法要全，有酒无酒都要过得很自在，但实际上我父亲做不到。他有酒的时候有点仙气，无酒的时候学佛。据我观察几十年，确认他做不到这一条，这个佛是别想做了。类似明朝人陈继儒写的一副对子，大概不好喝酒的人不会这样写。

张荣东：在你们兄妹当中，傅抱石是不是对女儿更偏爱一些？

傅二石：不错。傅抱石生了个儿子叫傅小石，这还挺喜欢的，一个大石头一个小石头。后来我出世以后，不晓得那个年份是什么年，反正对我极为不利，他盼着一个女儿，却又来了一个儿子，我这块石头可是极不讨喜的，所以我从小挨打挨骂比较多。直到我很大了，有一次他带着一个代表团到捷克待了一百天，画了很多画，回来的时候给我带了礼物，叫我受宠若惊。除了捷克的玻璃制品以外，带了一件捷克人穿的夹克衫，我就一直穿着那个衣裳。

傅抱石　《渊明沽酒》　122.2cm×66.4cm　1964 年

傅抱石夫妇与长女益珊在玄武湖。

张荣东：那个时候是很时髦的。

傅二石：我逐渐发现，老爹除了对我打骂、讽刺以外还有爱的一面。我跟你们讲一个笑话吧。因为父亲对我打打骂骂，我很不高兴，不高兴就不会喊他。直到 1965 年我从山东艺专放假回来，在我家楼下看见了我母亲，母亲说“你回来了”，然后补充一句：“快上楼去，你父亲等着你呢，上楼去看看你父亲。”我竟然犹豫了好几秒要不要上楼，然后我走到楼上，在门口站下。父亲的房门是开的，他老人家在桌子上写字，他抬起头来看了我一眼，我喊了声“爸爸”，我不知道是多少年没喊过他爸爸了，我那次好像下决心喊他一次。就“爸爸”最平常的两个字，我费了几十年才喊出来。喊了他以后，他说：“你回来了。”这一句就表现了很多的感情，父亲对儿子的一种情感。

我后来想想，以前确实没怎么喊过，不晓得为什么，大概是我小时候调皮，喜欢跟人打架惹父亲不高兴吧。我是母亲怀胎 11 个月后才出生的，

傅抱石在扬州

1961 年，傅抱石与小石（左）、二石（右）在北京。

比别人多待一个月，出来的时候体重达到了 11 斤，那是一个很大的娃娃。由于先天有利，我跟小朋友们闹矛盾、打架，总是能占上风。打架以后，吃亏的小孩就跑到我家门口来，嘴里还骂骂咧咧的，说了不讨喜的话，有时候还拿砖头往我家窗户里丢。我经常闯这样的祸，父亲是非常讨厌的。我唯一讨喜的就是给他打酒、做事，这个他喜欢。

小时候虽然我是“陆军”，其实我一半时间是“空军”，老爬树。不管那树有多高，我都能很快爬上去。树上都有鸟窝，那里面不是鸟蛋就是小鸟，我就拿下来。拿下来也没什么用处，但我总觉得是个消遣，对我来讲这是小时候重要的消遣方式。有一次我爬到树上，还没干什么事，从远处的小路上看见父亲回来了，正好从我爬的大树底下经过。我为了避开他，就躲在树上视线看不见我的地方，他是移动的，我也要移动，脚要踩树枝，忽然有个地方踩空掉了下去，摔到地上。其实受伤并不大，但把我父亲吓一大跳。他走到树底下忽然一个人掉下来，这不吓一大跳吗？他为此很生我的气。当时也不好打我了，因为我摔了一大跤。

张荣东：你父亲作画的时候，是不容许打扰的吧？他是不是需要绝对的安静？

傅二石：不错不错。他作画的时候是很紧张的，他那个动作就是紧张的，讲究时效。从这边画到那边，要染水，两边都染满，才能保证效果。这个时候，谁要干扰他，他就很不高兴。别人说他保守，他没什么保守的，他主要就是要保持高度紧张的状态下作画，怕别人干扰。后来有一个人例外了，他可以在我父亲作画的时候在画室里面走路，换作其他人总要有点顾虑。这个人叫亚明，是当时江苏省国画院的党委书记，他经常有机会看我父亲画画。

风雨路上的温情

——傅二石谈傅抱石之四

张荣东：聊聊你母亲吧。你父亲这么爱喝酒，又如此有个性，你母亲对他是什么态度？

傅二石：母亲经常给他研墨，自称“研墨妇”。喝酒的副作用太大，有时候家里的矛盾就是由喝酒引起的。比如父亲挑我毛病的时候，母亲就像我的保护神一样，如果父亲骂得有点出格了，她就要为我辩护，主持点正义。母亲对父亲喝酒的习惯不太鼓励。

母亲是清朝官僚的女儿，而且是独生女，备受外公的宠爱，脾气是有的。嫁给我父亲之后，一开始做中学教员，她是武昌艺术专科学校毕业的，那是个老资格学校，出了很多名人。后来母亲留校任教，教音乐和美术。她的文化修养不低，读过古书，写文章不成问题。校长去世时，哀悼歌都是她写的，那时候她也算是有地位的。母亲见到父亲后，认准了父亲是一个天才，不管父亲当时如何贫穷、如何狼狈，她相信父亲最后一定会做出成绩来，她认准了这一条，并且坚持到底。

她和我父亲在一块儿生活了几十年，完全放弃了自己的才华和爱好。

在汉口西路寓所拍的全家福

原来在家里当大小姐的时候，对生活上吹毛求疵，什么打扮、穿着，也一概放弃，全部都是为了我父亲。

新婚之夜，我父亲的誓言再讲给你们听。

外公是原来的清朝高官，财产很多，有一条街都是他们家的，地位、影响都有，母亲长得也不差，所以有很多人上门求亲。母亲的追随者中有一个是湖南大军阀的儿子，他儿子来南昌办公事，要找地方住，母亲家的房子多，他就是母亲家的房客。那人跟我外公的关系搞得不错，也相中了我母亲，表示了要结为夫妇的意思。我外公认为这人又高又帅、门当户对，就满口答应了。

但后来，我父亲因为母亲的主动引荐也成了她们家的房客。那时候，我父亲住的条件很差，母亲觉得这么有才华的年轻老师不应该住那样的房子，就把他引到家里来。我母亲是主动的，她相中了这个年轻才子。外公要她嫁给高官子弟，她相中的却是穷书生，也没什么名气，所以母亲和外公发生了很大的矛盾。最后，我母亲坚持嫁给了我父亲，她跟外公的矛盾还有。到了新婚之夜，我父亲就表态了，他说："你愿意嫁给我，我很感动，我没有那些高官子弟的条件，但是我可以向你保证一条，将来我可以在历史上留下'傅抱石'这三个字。高官子弟条件再好，历史将来可能认我不认他们。"这就是新婚之夜的保证。这话是从哪里传来的？是我母亲——最权威的人讲给我们听的，讲了不止一次。父亲在新婚之夜就有如此誓言，母亲也很感动，更加坚定了她要陪伴这位才子做出一番成绩来的决心，她自己的一切全部放弃。

张荣东：他们当时是怎么认识的？

傅二石：母亲是学生时，父亲是她的老师。母亲是个性格活跃的人，她对这个老师很感兴趣，老跟他开玩笑。父亲在讲台上向学生表态，说："我资格不如有些老师，他们从哪一国来的（那时候中学老师也有从外国来的）我不知道，但是我在黑板上如果写了一个错字，你们可以罚我。"所以，他每天写字的时候，同学们都特别注意。有一天，他写了一篇字之后出去上厕所，我母亲趁此机会就上去改了，她把一个字的撇给抹掉了，老师来后，她说："老师，你写了错字。"父亲有点惊慌，怎么有错字？以为真是自己疏忽了，可还是有学生讲了实话，大家都笑了，这一笑就全部真相大白。这就是他们刚认识时，母亲给父亲开的一个玩笑。有个关于傅抱石的电影，还再现了这一情节。

张荣东：你母亲面对这个大家庭是非常不容易的，尤其你父亲到南京后，虽然生活改善了，但各方面的事务增多，整个家务都落在你母亲肩上了。

傅二石：我兄妹五六个，她不像有的画家夫人，画家出了名，夫人可以跟着到处转，可以到国外，很方便的，她出国的机会也不少，但是从来没去过，就是以家务为主。我父亲喜欢的事情，她就得重视。我父亲唯一的爱好就在笔墨纸砚上，还有印泥。他的钱都用来买古代留存的、比较少见的东西上，光乾隆纸就买了一大堆，到他过世的时候，都被搬到国画院去了，

日本留学期间的傅抱石

那是好纸。父亲还喜欢日本做的毛笔，从日本回国后，国内没有卖日本毛笔的，他就通过香港的朋友到日本去买。这个毛笔是用画来换的，就是说，我给你一张画，你给我买多少支毛笔来。父亲对墨也非常讲究，乾隆墨还有更早时期的墨，他买了很多。这些贵重的墨，在北京琉璃厂荣宝斋里有售，那是他常去的地方。

除此以外，再有什么能吸引他？书。南京新街口附近有一个旧书店，很大，什么旧书都有，我陪他去过一次。那个地方还有字画，父亲一看还挂着傅抱石的作品，画得也不太像，就问那个老板："这个是谁画的？""傅抱石。""是真傅抱石还是假傅抱石？"这么一问，那个老板就知道了来者就是傅抱石，就坦率地讲出来："画这画的是个年轻人，他人还在这个店里，坐在里面。"我父亲说："能带我看一看吗？"我就随着父亲一起推开里边的门，看到有一个年轻人坐在那儿，三十多岁。那个老板说："我向你介绍一下吧，这个人就是傅先生。"那个年轻人非常不好意思，他承

日本留学期间的傅抱石

日本留学期间的傅抱石

认自己是为了钱、为了生活才做这个事。父亲说："我看你画得也不错，你不妨试着用真名字画画看，也许能画出来，因为你有才华。"父亲上小学的时候就以刻图章出名，他曾经仿上海的名家赵之谦先生的篆刻，几能乱真。那时候用一块钱可以买他一块仿造的图章，一块钱很管用的，能买很多烧饼，很多吃的。当然，不是父亲亲自去卖，是看校门的一个老头经手，卖了他就把钱拿过来给父亲。后来这还成了打官司的事情，有人说傅抱石刻假章，人家还要对他兴师问罪。校长对父亲说："你搞假图章，还能当老师吗？"校长就向众人表明，父亲不是自己拿假章去卖，这个买卖是别人做的。从那以后，我父亲就决定用自己的名字刻章，取了个名叫傅抱石。他来到南京，在旧书店里碰到这个造假的年轻人，就用同样的道理来说服他，告诉他用自己的名字去画，也许有一天真能画出来，比现在造假要好得多。那个年轻人后来有没有出名我就不知道了。

张荣东：上世纪30年代傅抱石留学过日本，在那段时期，他认识了好朋友郭沫若先生，能讲讲那段时期的经历吗？

傅二石：我父亲1933年去的日本，我是1936年才出生，当时不可能知道，后来接触到了很多日本人，去过几次日本，就知道的很多了。我有两个妹妹在日本上学，一个叫傅益瑶，一个叫傅益玉，她们上的学校就是我父亲待过的学校。在那边父亲有个特别熟悉、特别亲近的老师叫金原省吾，是一个写了很多中国绘画史著作的学者，他见到我父亲时特别高兴。我父亲去之前就已经出版了几本谈中国美术史的书，这些书都有个人见解的，他对我父亲的书很感兴趣，他觉得来的这个留学生是有学问的，而且对他所研究的中国美术史有独特的见解，所以就对父亲特别好。他们在一块儿不过两三年，但感情很深。第一次交流时，用毛笔写，金原省吾懂中国文化，很容易就懂。他们留下了很多谈话的纸片，现在还在那所美术学校的陈列室里陈列着，那所学校叫武藏野美术大学。

留学期间，父亲很忙，他是公费来的，但是钱不够用，就到东京图书馆打工。他自己还要在日本办展览，要写、要画、要刻图章，这些事情在日本干起来都需要创造条件。他自己的这些活动都得到了金原省吾的大力支持。后来，他准备办一个展览，老师又尽力帮忙。那时搞展览不像现在这么方便，那时地方不好找，得是大的会社的那种大房子才可以，所以要有熟人关系，而且经济上也要负担得起。所以他和金原省吾老师亦师亦友。

郭沫若当时正好也在日本，郭沫若比我父亲大不少，而且名气也大、地位也高，他们也建立了一种亦师亦友的关系。郭沫若发现我父亲虽然年轻，但是很有学问。从此之后，我们两家保持着密切的关系。密切到什么程度呢？郭沫若后来的夫人生小孩，要找个保姆，这些事情都是我母亲来给他安排的。

1959 年 11 月，傅抱石在北京前门饭店内闲暇读书。

后来他的子女郭庶英、郭平英跟我们来往也很多。

父亲把郭沫若当作自己的恩人一样对待。郭沫若回国后，以自己的名义组织了一个文化宣传队，登报招一批文化人，其中就点到傅抱石。那时候我父亲正在老家江西省新余市，有人告诉我父亲说："郭沫若登报找你了。"他一听就把我们全家老小撂在乡下，跑到武汉去了。到了武汉，成了郭沫若的秘书，一直在他旗下做事。为了筹钱，他跟郭沫若在昆明合搞了一个展览，叫"郭沫若傅抱石书画联展"，赚的钱都给了专门抚养烈士子女的幼儿园。公家没那么多钱，就靠大家捐，展览不是搞一次，赚的钱全数捐给抗日烈士子弟。从那以后，我父亲跟郭沫若的关系就更加密切了，父亲画的画郭沫若也常来看，看后拿笔就题，他在我父亲的画上题了好多字，他非常欣赏我父亲。

父亲在一九五八年出了一本大画册，郭沫若写的前言，他写道，中国有两个画家，一个在北边叫齐白石，一个在南边叫傅抱石，现在齐白石已经不在了，希望寄托在傅抱石身上。

后来因为郭沫若的关系，我父亲还得到一些画大画的机会，《江山如此多娇》倒不是郭沫若的关系。以前有个单位叫“保卫和平委员会”，在北京是个大组织，房子也很大，因为经常有很多外国人来，那里需要中国的好东西，好让外国人能看到中国优秀的书画。现在这个单位已经改成“中国人民友好协会”了，负责人是陈毅的儿子，他们现在有一个大房子，陈

傅抱石 《东方红》 119.5cm×209cm 1954 年

列着那时候画家画的画。我在 2004 年搞傅抱石百年画展的时候，到北京到处搜罗傅抱石的字画，除了人民大会堂的大画没法拿以外，其它只要能拿的我都拿来了。到友协那里去看，里面有好多傅抱石的大画。我就找到陈毅的儿子，他同意了。但是，傅抱石的画不管你拿到哪儿，必须全部由他们的人经手，其他人不得插手。我说要拿到哪里去，画挂到哪里，他们都有安排，整天有人看着。

张荣东：这是应该的，也是为了傅抱石画作的安全。

山水新境

——傅二石谈傅抱石之五

张荣东：你之前的绘画以人物为主，什么时候开始画山水的？

傅二石：在进国画院之前，我已经有一段时间研究山水画了。我受父亲的影响很大，父亲以“其命惟新”为原则进行艺术创作，不但要继承传统，还要突破传统，这是他绘画的宗旨。不但如此，他还有更大的心胸、更大的展望。

这个展望是，从父亲了解中国美术史开始，他发现中国美术史有很深厚的传统和积淀，尤其是中国山水画成就显著，这引起世界各地的关注。他觉得自己作为一名了解中国美术文化传统的中国人，非常自豪。虽然他出身贫穷，但他的抱负宏大，他想要对中国美术的发展做出贡献。

但将贡献落实到实处，也经过了一段时间。他去日本留学时了解到，日本受中国文化的影响很大，日本人对中国绘画很尊重，对中国学者的研究也很多。他的老师金原省吾终其一生只研究中国美术史，并对中国美术史的成就赞叹不已。父亲接触到金原省吾之后，对他自身的影响也是蛮大的。因此，他慢慢形成了一个概念，就是中国画最难革新、最难突破的传统就

1963 年 11 月，傅抱石在北京民族饭店接受《人民中国》记者的采访。

是山水画，他抓住了这个方向。

后来，父亲也画了很多人物画，画得很好，这是被大家公认的。我前面讲过中国的第一张突破千万的人物画是《丽人行》，实际上画的是杜甫的诗意，画中的人物是唐明皇和杨贵妃。张大千还表扬过这幅画，依照中国传统的绘画来看，画中的人物和背景的处理都大有突破。《丽人行》不仅创造了很多人物形象，而且创造了一个具体的可以感受到的环境。《丽人行》是一张长卷，他用绿色作为基调，但是这个绿色不是很青翠的绿，而是像刚发芽的树一样，是一种比较沉着的绿。

我透露一个秘密，傅抱石用的绿色不是中国的颜色，是英国的。英国的水彩画非常高明，颜色也多，用这种绿画出来的画，有绿色的青翠感但又不是很鲜艳，是一种沉着的绿色。

赭石、花青，这都是中国画颜料的基本颜色，中国的绿就是石绿，画工笔的时候用。父亲画的不是工笔，是写意，因此不能用石绿。用藤黄加花青也是绿，但这种绿跟英国的绿相比，他觉得英国绿更适合表达他的绘

傅抱石 《丽人行》 61.7cm×219cm 1944年

画意境。在绘画中，“鲜艳”是一个美好的词，“沉着”是个更美好的词。红可以使画变得沉着、鲜艳，绿也是一样，可以变成一种沉着的绿。在《丽人行》中，父亲用中国的毛笔画了一大排树，有柳树、松树，出来的感觉和人物的颜色很融洽，这种感觉非常好。这种处理方法是父亲独创的，这只是举其一例而已。

在其它方面，墨不用自己创造，古代的墨很好，纸也不用创造，老百姓用的纸，他都可以用来画画。他用黄色的皮纸画山水，特别有味道。后来，很多人专门去找那种皮纸，有的是为了造假，有的是为了自己创作。在用笔方面，他很欣赏日本的毛笔，用它画出的人物线条很挺拔、流畅，但这不能算他的创造。

在绘画技法上，尤其是山水画，他有一句名言说，山水画想创新是难上加难。每当你想突破的时候，还没动，头就已经碰到了砖头、岩石，碰

得你头破血流。当一个新创造、新方法要出现的时候，要经过多次反复的实验，一次成功是完全不可能的，头脑聪明的人才会成功。

张荣东：傅抱石以最大的勇气突破了中国画创新的最难之处。

傅二石：不错，他突破的题目是山水。中国画积累的很多传统经验对于大部分人来讲是一个束缚。没有经验做不好事，但是全靠经验，你也会遇到麻烦。他不选容易突破的，而是选择最难的。他认为要想创新，就要准备碰得头破血流。他创新之后，办画展时有很多人夸奖，比如像徐悲鸿等一些具有新思想的艺术家。徐悲鸿看到傅抱石的国画以后，他说："看来中国在张大千、黄君璧之后，天空又出现一颗艺术新星。"现在看来，张大千是天才，这是所有人都承认的。黄君璧资格很老，但是黄君璧的艺术地位就不好和这些大师们相比了。

张荣东：张大千的位置比傅抱石还是要靠后的。

1960 年，中央新闻纪录片厂拍摄专题片《画中山水》时的傅抱石。

傅二石：论作品内容的丰富、题材涉及的广泛、功夫的深厚，没有人比张大千更强。他确实很了不得，一辈子画的画不知道有多少，如果论画家创造的财富，据统计张大千好像是第一名，他画的画特别多。他活了八十岁，比我父亲要多活二十年，但不及齐白石的作品多，齐白石画得快，一张花鸟画不像山水画那么费工夫，而且齐白石卖得也非常多、非常好，他好像排在第二或第三名。傅抱石一辈子画的画没那么多，最后统计的是第五名还是第几名，不记得了。这是从创造财富的角度来说，但这跟父亲本人已经没有关系了。

张荣东：但是要论艺术高度，傅抱石应该往前排。

傅二石：得看从什么角度来说。从创造财富的角度，他抵不过张大千，但是从艺术的创造性、从绘画的革新来看，好像傅抱石不低于其他人。

张荣东：他的艺术还是很有高度的。

傅二石：刚才说到山水画的创新，同样一张纸画山水，在傅抱石看来，他不是画一个地方，不是画一个小范围的景物，他心想的是宇宙，他的作

往往醉后　石印

品追求的是气象的博大，气象对中国山水画来讲是很重要的。人要气度大，拿起毛笔才能画出有力度的线条，才能画出足够深广的空间，这是中国画非常讲究的。一位山水画家画出很好的山水画，他一定是一位气度很大的人。但是画家的性格又是不一样的，就拿傅抱石和李可染来比，他们的性格大不一样。

张荣东：完全不同。

傅二石：要喝了酒，“往往醉后”这四个字对他意义很大。

张荣东：傅抱石是诗性的性情。

傅二石：喝两口，但也不是说喝个烂醉，否则什么事都干不了。李可染不喝酒。

张荣东：李可染谨小慎微。

傅二石：李可染把自己比喻成一头老牛拉一辆破车，走得很慢，跟任何东西比都比不过，只能慢慢地一步一步地走，就靠这个性格造就了这么一位大师。李可染画画追求气氛、气韵，一张小小的画，他能画一个礼拜。

张荣东：反复往里积墨。

傅二石：他慢慢地加、慢慢地加，你觉得正好了，他觉得还有空间，再继续加，加得很厚，整个画面境界就深进去了，这是很难做到的事情，但他做到了。人的性格不一样，他就喜欢带个凳子、本子坐到山里，画上几个小时的画，绝对不嫌烦。

张荣东：一棵树画几个小时很正常，不厌其烦。

傅二石：所以他的作品比较少，他画得慢。

这是说画家有各种不同的性格。如果让傅抱石按照李可染那么画是不可能的，因为他不是那样性格的人，他是那种喝两口酒拿起大笔一涂，一张大画就画出来的人。

按照父亲的人生计划，1939 年到四川之后，他想搞学术，还想画画，想一步一步往前走。但是，来到四川后，安顿一个家是很困难的，那时他还搞抗日宣传，社会动荡，还有日本飞机轰炸，随处丢炸弹，静下心来画一张漂亮的画，既没有那个环境，也没有那个心情。我们现在翻他的画册，1940 年、1941 年的画算比较早的了，在那之前，他画八哥、画鹅，什么都画，以前还不是专门画山水。但 1941 年之后，画的题材就更多了，有的画上题一首诗，诗不是他自己写的，都是古人的诗，他只是创造一个诗的意境，把诗和画连得很紧密。

画古人，画屈原，画苏东坡，这些需要有一定的文化积淀。父亲画屈原，如果对屈原没有真正的了解，没有真正的感情，仅凭自己的想象来画，怎么能画得和群众心里的屈原相接近呢？所以画屈原的人首先应是知识分子，还要对国家有感情、对民族有感情、对广大群众有感情，这些从父亲的艺术中都能反映出来。

小时候我天天看他画，那时我才七八岁。父亲经常磨半天墨，拿一支大笔，很快就画完一张山水画。其实，就在大笔一挥中，包含了画家的雄心壮志，也包含了他的审美。这得益于巴山蜀水带给父亲的营养和灵感。除此之外，画家下笔的时候还会表现出他的个性。个性人人皆有，但对一位山水画家来讲，个性有更深刻的内容。他要表达出对大自然的一种感受，要能够从大自然的造化中吸收很多养分，从而变成他自己的笔墨，这个过程是很微妙的。像我们画画的人，有些画一辈子也没画出自己的东西来，画一座山像一座山，这不难，关键要画出属于自己的山。

南京有几千、几万的画家，都来画紫金山，可是画得都不一样，有的只是在形式上搞一点新鲜的东西。紫金山有四百多公尺，不算高，但很有历史，从孙权开始直到新中国成立后，这里有很多政治活动，虎踞龙盘今胜昔。

傅抱石　《屈原》　1946 年

傅抱石　《雨中雨花台》　南京博物院藏

我父亲画过好多次紫金山，紫金山在他笔下显出勃勃生机，这座不太大的山，在傅抱石笔下却是一座很大的山。我认为这张画很伟大，现在被王健林收藏。

紫金山有它的个性，你画得跟黄山一样也不可能。山主要的特点就是高，除此之外还有很多其他特点。有很多南京画家为了表现紫金山的伟大，把它画得很高很高，快赶上珠穆朗玛峰了。明明是紫金山，海拔才四百多公尺，有人画得跟八千多公尺的珠穆朗玛峰一样，跟现实太脱节。

傅抱石画的这张紫金山，就表现出了它的气魄。山底下是苍松万亩，山顶上有建筑、天文台，把这些都画在一块儿，应该是不显得大，但他就能表现出山的气势。父亲下笔的时候讲究痛快、自如，下笔时一切拘束都没有了。他自己讲："我画画的时候，把所有事情都忘掉了，就考虑这张画要表现出什么样的气氛、什么样的意境。"所以下笔非常潇洒，而且喜欢用大笔。这种画法，我是看在眼里，但是能不能进到心里就难说了。后来我也学了美术，才知道这里面还有很深的艺术思想。

我自己对父亲最感兴趣的还是他的山水画，他的仕女画也不错，古人画得也很好，但是我想像傅抱石一样有个性，我下笔画出来的画不应该和其他人一样。哪怕别人夸奖我说，"好像他父亲呢"，我也不高兴。我到香港去办画展时，有位女画家对我说："你知道你还缺什么吗？你缺一步，你现在走在你父亲的边缘上，但这还不是你自己，要跨过这一步，从他的边缘走到属于你自己的艺术道路上，你才算是有出息了。"这番话给我印象很深。

黄山是我师

——傅二石谈傅抱石之六

张荣东：在艺术上你明显地回避了你父亲？

傅二石：不错。为了画得不像我父亲，跟父亲拉开距离，我用另外一种画法。艺术要自然，每个人应该根据自身的文化修养、思想观念走出一条属于自己的路。开始时，别人夸奖我说“你画得真像你父亲”。这种话虽是表扬，但我心里却不高兴，尤其接触到香港那个女画家之后，她忠告我说：“你要真想有成就，就得跨过那个界限。”我就开始认真思考，这个界限要跨过去可不容易，因为这是我几十年形成的，每天看父亲趴在桌子上画画，渐渐地形成的一个概念：画画这样画最好。

现在我 81 岁，在我快 60 岁时，听到有人说：“你画画好像有点变，不再追求傅抱石，不再跟你父亲亦步亦趋。”我和父亲比，差距还很大。先不说天赋，单和父亲的学问比，我就差很多。父亲对古代文化、诗词歌赋了解很多，而我的时间都花费在别的事情上了。后来我悟到跟父亲学画是不错的，但这不是我的主要道路，主要道路是跟大自然学。

张荣东：所以你屡次到黄山。

傅二石：不错。石涛说："黄山是我师，我是黄山友"，我到黄山去转了很多遍，最后画的时候，还是没想出创新的方法。

张荣东：山水画的创新确实是很难，千百年的积淀高峰迭出，各种可能性都已经实验到尽头，也许唯有回到自然。

傅二石：是的。现在画山水画的人比历史上任何时期都要多，你说十万？可能还打不住，二十万也有。

张荣东：现在最大的画种就是山水画。

傅二石：我觉得山水画的现状很不理想。傅抱石、张大千、李可染这是大师，但大师之后，剩下画山水画的人有的是，能画得像大师的那种手笔的，好像见不到了。

张荣东：确实没有。

傅二石：对。画家成堆，而且很多画家都很自负，你听他讲那一堆理论绝对头头是道，但看他的画法没有任何新鲜感，没有新奇的地方。

傅二石在黄山写生

从我60岁以后，我的方向就比较明确了，我要打破一切框框，包括父亲的框框。我父亲画画讲究气势、气魄，纸不管有多大，一定要画出大气象，让人看后想到的是一个世界。父亲说，画山水画要有胆量。他每次给学生讲时，总是强调这个“胆量”。他说，如果你什么都有了，可能还缺一样，那就是胆量。毛笔的功夫你都会了，大自然你也熟悉了，最后下笔的时候，还要想一想缺不缺最后那一样——胆量。

很多人就因为缺乏胆量，才成为谨小慎微的人，更谈不上有什么大的出息了。我受父亲这方面的影响最大。我现在胆量是有一点了，是不是足够呢，不敢说。我画这张大画的时候，想表现黄山的气势，才画出足够的分量来，这个胆量没有底线，胆子够不够大，全靠你自己。

你看这张画（傅老指着书上的一幅傅抱石作品），水从山上落下来，一层一层地往下淌，这是三层，淌下来，水被石头挡住了，它只好从这边再流下来，到下面又开始平地往前淌。作为画水来讲，这是一大诀窍。山水画就是一个山一个水，山画起来比较容易，水难画。黄公望就说过，画画以画水为最难。水的流动感、水的冲击力，要画得很有个性是很难的。

张荣东：没有一般的胆气是做不到的。

傅二石：不懂画的人，可能讲了也很难想象，一块石头可以画出完全不同的感觉。毛笔尖的地方叫中锋，旁边叫侧锋，笔干、笔尖、笔根都可以用。父亲用他的大笔的笔根处，把笔擦开来，狠劲压下去，不然出不来这种感觉，动作要快，墨要浓淡变化，形状还要掌握好。看这里，石头上还站着两个人。

张荣东：灵动至极，是纯性情表现。

傅二石：不错。它全是转瞬即逝的笔触。

张荣东：他个人也很难复制。

傅二石：这张画与看原作有区别，但还是能看得出来。光是画水，父亲的创造性就很大，他画出了水的流动感，如见其形，如闻其声，观者能想像水流奔腾的声音。

张荣东：傅抱石用笔实在是太强悍了。

傅二石 《临流抚琴图》 139cm×69.5cm 2014年

傅二石 《黄山游》 124cmX124cm 2011 年

傅二石：这本是傅抱石的山水画集，这本是人物画集，有很多美女，这是杨贵妃。

张荣东：实际上，他将古诗词画了一遍。

傅二石：这张画是我父亲画的，字是徐悲鸿题的，他写给胡适的夫人江冬秀，他拿着傅抱石的画送给胡适的夫人，写的题款。父亲为什么画山水又画人物呢？画山水的人也要会画人物，要寻找很多创作的机会。

张荣东：聊聊你和黄山的情缘吧。黄山影响了中国很多画家，像石涛、梅清，你父亲也特别爱黄山。

傅二石：不错。我出了一本书叫《我爱画黄山》，这里面每一幅作品都是黄山。这本书后面有一个章叫“黄山归来”，是我父亲刻的。

张荣东：你第一次到黄山是哪一年？

傅二石：那早了，“文革”期间我就去过了，跟朱铭一块儿去的。黄山对画家的吸引力很大。黄山上的每一个景都值得画，我去了几十次，还是不够。我这两年没大去，因为爬不动了。

画黄山可不是件容易的事。从古至今有多少画家靠画黄山出名，像石涛、渐江、梅清。现代画家也很多，包括张大千、李可染都喜欢画黄山，他们认为黄山对画家来讲是不可不去的地方。我去了几十次，每次都有新发现。

张荣东：你画黄山云海比较多。

傅二石：对。

张荣东：你爱黄山，更爱云中的黄山。

傅二石：不错。云是没有形状的，画起来特别有味道。云彩多的时候，有的山峰就看不见了，有的看见一半，所以每次去都会有新感受，很值得一画。黄山是我的老师，但是这个老师不收学费，学费就是门票钱，黄山有多少学生也数不清。常去黄山旅游的外国游客，全世界经常转，他们说来到黄山就不要再找其它地方了，这里就是最美的地方。黄山有奇有险，给画家的灵感启发非常多。山东有泰山，也很吸引画家，但是远不及黄山。为什么？泰山的雄伟、壮观可以和黄山比，但是山头的变化、奇峰怪岭、

傅二石　登高万古乐　192cm×502cm

怪峭远不及黄山多。我活了 80 岁，就算活到 180 岁，也画不完黄山。

我有两张最大的黄山图，第一张是 2004 年画的，第二张是去年创作的《登高万古乐》，山里面有很多人，他们在爬黄山。中国人不但喜欢爬山，还喜欢躺在家里“卧游”。

张荣东：你去年刚过了 80 大寿，对自己的绘画还有什么想法吗？

傅二石：我有两大想法。一个想法是怎么画出更新的画。新鲜感对画画来讲很重要，你画不出新东西，大家也不会愿意看，这是我的第一个追求。我要到大自然中去，不然新不起来。黄山我去了几十次，一想到黄山就有

一种强烈的愿望、自然的冲动，一到黄山里边，好像所有的地方都是我的画。

我还有另一个追求，那就是关于我的父亲。最近，我这里老有寄来的书。这幅画画的是泰山（傅老指着书上的一幅傅抱石作品），我父亲画这幅画是送给一个老寿星，他要表示对这位老人的崇敬之情。

这是有位作者写的《傅抱石山水画法研究》，这本书认为，傅抱石是中国一千多年来出现的大画家之一，他创造了新的画法，开创了新的中国山水画。对傅抱石崇拜的人很多，很多人学他。我是傅抱石的儿子，恰恰又是画山水，对我来讲不能说这件事与我无关。

傅二石 《云涌黄山》 137.5cm×68.5cm 2011年

这本书需要我写一篇序言，我就有颇多感触，我觉得对傅抱石的研究还应该再深入。这个作者花了三十年写这本书，研究傅抱石的画法，我今年 81 岁了，应该有更多的时间研究自己的父亲。他有很多伟大之处，原来认识不足，到了晚年，想研究得更深一些。

张荣东：希望我们也能为这件事情做点贡献。

傅二石：傅抱石画画的条件很艰苦，什么都没有，还要打仗，日本派飞机轰炸，他都没办法再做他的事，但是他却做出了这么伟大的事。

张荣东：前几天，我们去见李小可先生，他说他对金刚坡时期没有任何记忆，因为他两岁就走了。你比他大几岁，所以你对金刚坡还是有回忆的。那个时代整天打仗，按道理讲是不该出大师的，反而出了几位大师，像黄宾虹、傅抱石、林风眠、李可染等这么几位真正的大师。

去年你 80 岁的回顾展应该以黄山题材居多吧？时光真是太快了，70 岁回顾展当时的情景就跟昨天一样。

我们这次来拜访你，聊得差不多了。明天我们先去汉口路的傅抱石纪念馆看一下。

傅二石：要了解傅抱石，到南京博物院。那里一直有展览，有一个固定的傅抱石展厅。

张荣东：谢谢傅老，打扰你这么久，这几天你几乎什么都没干。

傅二石：我特别高兴，我是江西人，但对江西印象不深，很小就离开了。我把四川当作故乡，而我生活最久的地方除了南京就是山东了。

幽致探何穷

——傅二石先生访谈录

旧游何处

张荣东：你从山东艺专（现山东艺术学院）毕业后，大学就读于山东师范学院艺术专修科，是吗？

傅二石：是的，但我后来没能留校任教，去了临清二中。上大学时，搞“反右派”运动。我有个同学，因为在日记本上写了几段话，“……西风刮过来，草儿低下头来……”就被打成右派。我听后大为不服，替他辩护。就因为这个，我被留团察看。这个处分使我不可能再留校，就去了临清二中。到了中学，也有很多故事，因为我画得好，校长很欣赏我。那时候搞运动，没有照相机，就叫我画出来。

张荣东：画速写吗？

傅二石：是的，而且速写也得画得像。学校开展览会，要我给学生画像，三天之内全部画出来。好歹我这个画像的本领还可以，我画得很快，画一个像一个。

后来搞运动，说我的错误很多，就把我关到牢里去了。

张荣东：听说你的事情在当时是山东文化系统的大案，最后还是周总理亲自批示平反的。

傅二石: 是。我被打成反革命，公平、权利、功名什么都不要谈了，等于零。

到了劳改队里，有个干部叫我帮他画像。我让他坐在一个大板凳上，我坐在一个小板凳上，从下往上看，人就显得高大。当我开始画的时候，我发现这个人形象不好，用不好听的话讲像“猪头三”，很肥。但我要把他画得漂亮点，要不然就得挨骂。画好后，他拿去一看，说：“你觉得像吗？”我说：“像。”他说：“怎么我自己看着有点像金日成呢？”他又找了几个狱友来看，把画往窗户上一亮，那些人都说很像，他听了大为高兴。

劳改队里的饭很难吃，主食是用杂粮做的黑糊糊的饼子，形状像鞋底，我们叫它“黑鞋底”。那时我不想吃 “黑鞋底”了，想吃“病号面”，我把队长画成了金日成，他就可以给我开碗“病号饭”，也没病，就能有一碗面条吃。

我在那里渐渐有了名气，成了一个部门中队的头。我每个月都要给狱友们买牙刷、写信的纸等生活用品，回来时到了大门口要检查。那些干部对我特别好，我出去不但可以买纸、笔和牙刷等，还可以买别的。

我出去买东西的时候，干部带着我去买。我看到饭店里有卖猪头肉的，馋得不行，他就给我看着门，我到饭店里去买。我先吃饱后再带一包回去。我当时还没结婚，攒下了一点钱，就拿着这个钱买猪头肉。如果站岗的检查出来，那可不得了，好歹他们内部互相通融。地排车上面摆着棉花、纸、墨水、牙膏，最底下是猪头肉，检查的要仔细翻就完蛋了，但他不仔细翻，我就把猪头肉带回来了。我不能给所有的狱友吃，只给几个我信得过的吃。

时过境迁，到了 1976 年，形势变了，打倒了“四人帮”。当年我因为说过两句关于他们的话，成了反革命。平反后，他们把我叫去，说，你不是知道“四人帮”的很多事情吗？现在你再讲就讲对了，就不是反动言论了。我一听，还是不敢讲。他们说，现在情况不同了，你可以大讲特讲，讲得越多立功越多。后来还问我，是决定回老家南京还是回济南原来的单位。我说我不要再回济南了，济南给我留下的印象太坏了，莫名其妙地把我搞到牢里来。

张荣东：伤心之地。

傅二石：1976 年，他们派人把我送回南京。但事情还没有那么简单，要证明一个人无罪还要有手续，需要正式平反。我一出来，就有人告诉我，连周总理都来管你的事了。周总理帮了我的忙，他写了一个评傅二石反革命是错误的条，拿到下面来正式传达。

我到南京不久，又接到通知回济南，让我去济南中级人民法院。到了以后，发现好多人都在那里等我，法官、电视台等各个部门的人都有。这时，出来一个法官，他要跟我握手，他伸出手来，我就把手收回去。我想，你莫名其妙地判我的刑，我跟你握什么手？法官也不在乎，说这都是历史的问题，让我对坐牢的事不要计较。他们说，我是山东省文化系统六大冤案之一，现在平反了，让我谈谈感想。我说，我的感想很多，你们能让我谈？他们说，有一个节目，中间有一段是专门让我谈感想的。我说：我的感想你们能播出去让其他人听吗？他们说，可以。但是后来一句都没有播，我谈得不好，不太符合他们的要求。

后来是山东艺术学院开大会，我从后面进去，全场很多人站起来跟我握手。其中有几个我恨之入骨的人，他们给我造谣、揭发我、乱讲一气，我怎么还跟他们握手呢？他们伸过手来，我都不握。我到台上坐了一下，宣布我平反。

这就是我的故事。一个文弱书生被打成反革命的故事。

抱石遗风

傅二石：我父亲 1965 年就走了，那一年他画的大画、小画一大堆，虽然条件困难，但他画出来的都是好画。我的条件应该说是很不错了，从小就有机会跟我父亲学画。他对我也很关心，当时我在山东的时候没有假期，一回到南京他就给我指导，告诉我画画的道理。他如果不在南京，我就追踪他。他在北京我就到北京去找他，他在杭州我就到杭州去找他。

1962年，他在杭州写生，我从山东拿了一批画赶到杭州给他看。他告诉我，哪一张画应该重画，哪一张画应该怎么画。在杭州，有个很好看的地方叫富春江，出过历史上有名的《富春山居图》，他要顺着这条河写生，我就跟着他走。那时条件还是比较好的，有车顺着江开，哪个地方好看就停下来，照相或者画画。就那次，我得到他的指导比较多。

我临摹黄公望的《富春山居图》，是他给我搞来的最好的印刷品。他告诉我临摹的哪里好哪里不好、哪里对哪里不对。我们顺着富春江从上往下走，亲眼看一看古代大师的画是怎么画出来的，为什么他会画得这么好。他路上给我讲，两边的风景什么地方入画、什么地方可以省掉。他谈到黄公望时，说，黄公望画得这么好，你跟他学，是不是学成像黄公望那样的画家呢？这是不可能的，你就是再有才华也不行，因为你是另外一个人，你对大自然的感受跟他是不一样的。

我父亲去了一趟富春江，回来出了一本《浙江写生画集》。打开看，他的画和黄公望的画大不相同，因为他画画的时候脑子里就没有黄公望了。如果你画画的时候，脑子里总想着另一个人，那你就不是一个真正的画家。每个人都要有自己的独立性。你的个性、你对事物的领会跟别人是不一样的。

我们沿途画了好多天，画了很多速写。他那本记录得比较简单，我记录得很复杂，每一个季节我都记下来，怕回去忘掉。但是我父亲不这样做，他会动脑子想，这个地方应该怎么画、它值不值得画、其中最值得画的是什么地方。我就光拿着钢笔、铅笔，看见什么画什么，忙得要死，白天我比他忙得多。但是，晚上回到房间里，他会画出好多画来，我就画不出来。他总结告诉我说，你动脑筋少。“动脑筋”三个字包含的内容可就多了，他对中国绘画的历史和历代画家的风格非常了解，所以他总是想，别人都这么画了，他应该有创新，这一点使我印象最深。我们是按照当年黄公望的行程走的，黄公望看见的我们也看见了。父亲领会到的东西很多，他从大自然中借取了很多值得绘画的对象，创作了很多作品。一路上，他讲了许多绘画的道理，直到现在，还影响着我。

我父亲每到一个地方，不管是古人画过的、没画过的，对他来讲都是新的，他不但参考古人的画法，还要考虑新的时代人们对审美的需求是不一样的。他看富春江和当初黄公望看富春江的体会有多大区别？这是他要考虑的。对我来讲，就是看见什么画什么，所以我画不出新的作品来，而我父亲画了一大本。后来，他每到一个新的地方，回来都有很多新作，其中的画法都是新的。提到傅抱石和其他画家的区别，那就是“其命惟新”。这四个字是古人用来讲政治或者其它新的要求，但我父亲奉这四个字为信仰。不管古人的成就多么伟大、多么厚重，你今天依然要创新，这是非常难的。我父亲在四川重庆的山沟里头，条件很差，连图书馆也没有，资料什么都看不到，卖纸的也没有，只有那个很差的包装纸。在那样的环境下，他搞创新搞得那么起劲，吃完饭要把桌子腾出来，他才有地方画画。但是，他有一个习惯是别人不一定有的，他要喝酒，每天我都去给他买酒。酒对他的作用是什么呢？这个也不是我学习的内容了，因为他老人家喝酒喝得太多了，所以说刚过 60 岁，坐一趟飞机回来，一觉就睡过去了。他有一枚印章叫“往往醉后”，“往往醉后”四个字是古人的讲法，后面有三个字叫“见天真”，就是人半醉的时候，常常是透露心声最畅快的时候，能够讲真心话，这是喝酒对他的积极作用，消极作用就是血压升高。我也不是滴酒不沾，不过没那个瘾。

但是酒和中国文艺的关系很密切。

张荣东：中国文艺作品中多散发出一缕酒香。

傅二石：好喝酒的画家传说中并没有多少，但是文人很多。

张荣东：李白、苏轼都爱酒。

傅二石：是的，喝酒后才有灵感。我虽然不太讲究喝酒，但是绘画必须要有点刺激力，如果像平常过日子一样，每天起来涂两笔，然后睡觉，这不像艺术家。我父亲喝酒都是和画画联系在一块儿的，要盖一个章，如果这幅画有个“往往醉后”的章，这说明他对这幅作品特别满意。

有一次，皮道坚在一个展览会上发表感想，他说，傅抱石是为艺术而生的，他是真正的艺术家，真正把绘画当做生命、当做事业的人。我画画有很好的条件，中国锦绣山河任我跑，愿意到哪里就到哪里。最近，江苏省文化厅组织了几十位画家，搞了一次“踏着傅抱石的脚步”写生活动。

张荣东：重走傅抱石的写生路？

傅二石：已经重走好几次了。傅抱石带着一大群年轻人，跑了六省三市两万三千里，回来开的画展，确实新画很多，尤其是傅抱石的最多。傅抱石画华山、三峡、延安、黄河等好多地方，总是要在作品里面赋予更新的东西。比方说，他认为原来还有什么问题没解决，他再用新办法来解决。一次写生哪怕是两万三千里，只画了三个月的时间，就能有那么多别人没画过的新办法、新作品，这是非常难的。

再看钱松喦、亚明、宋文治等人，他们都是很有才华的画家。那次写生回来后，每人都要拿出几十张作品来展览，其他人的画都是老技法、老面貌，只有亚明是新的，但是他新的没有根基，他原来没学过传统的东西，不是笔笔都见功夫。只有傅抱石每画一张都要换新技法，这是最难的。所以我觉得，这一条，恐怕是要求很多人做到但是是做不到的。

张荣东：傅抱石的创造力是惊人的。

傅抱石年表

1904 年　（甲辰）一岁，十月五日出生于江西省南昌市，原名傅长生。祖籍江西省新喻县北岗乡樟塘村，父母皆贫雇农，后流落南昌以补伞为业。

1910 年　（庚戌）七岁。入私塾读书。

1915 年　（乙卯）十二岁。当瓷器店学徒。开始自学篆刻、书画。

1917 年　（丁巳）十四岁。由邻里资助，考入江西省第一师范附小读书，插班进初小四年级，改名傅瑞麟。

1921 年　（辛酉）十八岁。高小毕业，升入江西省第一师范学校。

1923 年　（癸亥）二十岁。开始美术创作和研究工作，自号“抱石斋主人傅抱石”。

1925 年　（乙丑）二十二岁。完成第一部著作《国画源流述概》。

1926 年　（丙寅）二十三岁。毕业于江西省第一师范学校艺术科，留校任教。著《摹印学》。

1929 年　（己巳）二十六岁。著《中国绘画变迁史纲》，该书于 1931 年出版。

1932年　（壬申）二十九岁。赴日本留学，后译日本梅泽和轩著《王摩诘》。

1934年　（甲戌）三十一岁。

三月，入东京帝国美术学校研究科，从金原省吾教授攻读东方美术史，兼习工艺、雕刻。

六月，译日本金原省吾教授著《唐宋之绘画》。

十月，重修《摹印学》，改称《刻印概论》。

1935年　（乙亥）三十二岁。

三月，《苦瓜和尚年表》在日本发表。

五月，论文《中华民族美术之展望与建设》发表。在日本东京举办《书画篆刻个展》，作品有《渊明沽酒图》《瞿塘图》《笼鸡图》及书法篆刻等一百七十余件。

七月，从日本回国，在江苏南京任教于中央大学艺术系。

八月，《中国绘画理论》一书出版。

十月，论文《论顾恺之至荆浩之山水画史问题》发表。

1936年　（丙子）三十三岁。

二月，编著《基本图案学》一书出版。

七月，在江西南昌举办书画展，展出作品一百余件。论文《论秦汉诸美术与西方之关系》及《石涛年谱稿》发表。

十一月，编译《基本工艺图案法》。

1937年　（丁丑）三十四岁。

三月，论文《石涛丛考》发表，《中国美术年表》出版。

五月，译作《汉魏六朝之墓砖》发表。

七月，著《大涤子题画诗跋校补》《石涛再考》《民国以来国画之史的观察》及译文《中国文人画概论》发表。

十月，完成《石涛画论之研究》《石涛生卒考》《六朝时代之绘画》等论文。

1938年　（戊寅）三十五岁。是年至一九四〇年，在郭沫若先生主持政治部三厅任秘书，经常往来于湖南株洲、衡山、衡阳、东安，广西桂林等地，进行抗日宣传工作。

1939 年　（己卯）三十六岁。

四月，辗转到达重庆，寓居西郊金刚坡下，自署居处为“金刚坡下山斋”。

五月，《中国明末民族艺人传》出版。

六月，作《关于印人黄牧父》，完成《中国美术史——古代篇》。

1940 年　（庚辰）三十七岁。

四月，论文《晋顾恺之书云台山记之研究》发表。作《云台山图卷》，郭沫若先生为题四绝。

八月，政治部三厅改组，回中央大学艺术系任教。时该校迁、重庆沙坪坝。

九月，著《中国篆刻史述略》。《木刻的技法》一书出版。

1941 年　（辛巳）三十八岁。

一月，《读周栎园〈印人传〉》发表。

四月，再画《云台山图卷》。

五月，完成《石涛上人年谱》。

1942 年　（壬午）三十九岁。

三月，作《大涤草堂图》，徐悲鸿先生题：“元气淋淳，真宰上诉。”

七月，兼任国立艺专陈之佛校长秘书，并任画史画论及中国画教授。

八月，郭沫若先生为《屈原》《陶渊明像》《龚半千与费密游诗意》《张鹤野诗意图》等作品题诗。

九月，在重庆举办“壬午画展”，展出作品一百件。《大涤草堂图》《对牛弹琴图》《初夏之雾》《屈原》《陶渊明像》等均在此次个展中展出。

1943 年　（癸未）四十岁。在重庆举办个展。在四川成都举办个展。

1944 年　（甲申）四十一岁。在重庆中苏文化协会举办“傅抱石画展”。在云南昆明举办“郭沫若书法、傅抱石国画联展”。

1945 年　（乙酉）四十二岁。

二月，作《擘阮图》《晋贤图》《石涛诗意图》《大涤草堂图》等。

三月，作《潇潇暮雨》等。

十月，作《金刚坡麓》《虎溪三笑》及册页《九张机》等。

1946 年　（丙戌）四十三岁。

十月，迁回江苏南京，继续执教于中央大学艺术系，同时与徐悲鸿、陈之佛等举办联展。

1947 年　（丁亥）四十四岁。

八月，在南京文化会堂作《中国绘画之神》讲演，讲稿发表于《京沪周刊》。

十月，在上海“中国艺苑”举办“傅抱石画展”，展出作品一百八十余件。

1948 年　（戊子）四十五岁。

一月，《石涛上人年谱》一书出版。在江西南昌举办个展。

1950 年　（庚寅）四十七岁。开始以毛泽东诗词为题材的国画创作。作品在“南京市第一届美术展览会”上展出。

1951 年　（辛卯）四十八岁。

六月，当选为南京市文学艺术界联合会常务委员。

七月，著《初论中国绘画问题》。

1952 年　（壬辰）四十九岁。任南京师范学院美术系教授。

1953 年　（癸巳）五十岁。

七月，论文《南京堂子街太平天国壁画的艺术成就及其在中国近代绘画史上的重要性》发表。

九月，《第一届全国国画展览》在北京举办，《抢渡大渡河》《更喜岷山千里雪》参加展出。

1954 年　（甲午）五十一岁。

四月，为中国人民保卫世界和平委员会作《东方红》。

十二月，《中国的人物画和山水画》一书出版。

1955 年　（乙未）五十二岁。

三月，在江苏省文学艺术界联合会举办的“星期文艺讲座”上，主讲“中国古代绘画”。“第二届全国美术展览”在北京举办，《湘君》《山鬼》参加展出。

1956 年　（丙申）五十三岁。

一月，增补为第二届全国政协委员，并参加第二届全国政协第二次会议。

八月，在北京“世界文化名人雪舟等杨逝世四百五十周年纪念会”上，作题为“雪舟及其艺术”的报告，《人民日报》全文发表。

十月，中国美术家协会南京分会筹委会成立，任主任委员。

1957 年　（丁酉）五十四岁。

二月，筹建江苏省国画院，为主要负责人。

五月至八月，率中国美术家代表团访问罗马尼亚、捷克斯洛伐克，作画五十余幅，后出版写生画集两种。

七月，《写山要法》一书出版。该书根据日本高岛北海原著《写生要诀》编译。

八月，在北京“中国人民解放军建军三十周年纪念美术展览会”上，与亚明先生合作的《大军南下·横渡黄泛区》参加展出。

十二月，《山水、人物技法》一书出版。

1958 年　（戊戌）五十五岁。

四月，论文《白石老人的艺术渊源》发表。

七月，《中国的绘画》一书出版。

十二月，《傅抱石画集》出版，郭沫若先生作序并题写画名。

在北京举办的“江苏省国画展”上，《蝶恋花》《雨花台颂》参加展出。

1959年　（己亥）五十六岁。

六月，“中国画展”在巴基斯坦卡拉奇开幕，四季山水《春》《夏》《秋》《冬》及《罗马尼亚一车站》参加展出。赴湖南长沙、韶山写生，后出版写生画集。

七月至九月，在北京与关山月先生合作，为人民大会堂绘制《江山如此多娇》。

十月，出席“全国先进工作者群英大会”。

1960年　（庚子）五十七岁。

三月，江苏省国画院正式成立，任院长。《中国古代山水画史的研究》一书出版。

四月，中国美术家协会江苏分会正式成立，任主席。江苏省书法印章研究会成立，任副会长。

八月，当选为中国美术家协会副主席，全国文学艺术界联合会委员。

九月，率江苏省国画家赴国内六省写生，后举办了画展，出版了《山河新貌》画集。

1961年　（辛丑）五十八岁。

三月，《白石老人的篆刻艺术——齐白石作品集·印谱序》发表。

五月，在北京举办“山河新貌画展”，《待细把江山图画》《西陵峡》《陕北风光》等参加展出。

六月至九月，赴我国东北地区写生，后写生画集出版。

十一月，在南京举办“傅抱石东北写生画展”。

1962年　（壬寅）五十九岁。

二月，《郑板桥试论——郑板桥集前言》发表。

十月至次年四月，赴浙江杭州休养、写生，后出版《浙江写生画集》。

1963 年　（癸卯）六十岁。

一月，与何香凝、潘天寿先生合作国画多幅。

三月，为中国驻缅甸大使馆作《华山图》。

十一月，赴江西井岗山、瑞金写生。

1964 年　（甲辰）六十一岁。

九月，当选为第三届全国人民代表大会代表，并出席大会。

1965 年　（乙巳）六十二岁。

五月，为江苏省政协完成《茅山雄姿图》，是为先生最后一幅丈二匹大画。

九月，赴上海，拟为上海国际机场作画。

九月二十九日，因脑溢血病逝寓中。

傅二石年表

1936 年　生于江西南昌。

1942 至　在重庆郊区歌乐山金刚坡小学上完初小。

1946 年　随父母回南京。

1948 年　在南京师范附小上完高小。

1950~1953 年　南京十一中上完初中。

1953~1956 年　南京十中（即金陵中学）上完高中。

1956~1958 年　济南山东师范艺术专修科毕业。

1958~1962 年　山东临清二中教师。

1962~1977 年　济南山东艺校（后称艺专）美术教师。

1979 年　江苏省国画院山水画创作室主任。

1980 年　参加新加坡举办的“江苏十人画展”。

1981 年　带学员到四川写生，任学员班主任。

1982 年　江苏省美术馆举办“傅小石、傅二石兄弟画展”。

1983 年　香港大会堂举办“傅小石、傅二石兄弟画展”。

1985 年　中国对外展出公司赴保加利亚展出，作品《江山多娇》参展。

成立傅抱石纪念馆，文化厅任命为馆长。

纪念傅抱石逝世二十周年，举行讨论会，编印纪念册。

1987 年　北京中国美术馆举办“江苏画院十四人展”，作品《傅抱石像》为美术馆收藏。

江苏省美术馆举办“省画院山水画研究室迎春观摩展”。

1988 年　赴日本大阪、东京举办“江苏省国画院画展 ”，为省画院代表团成员。

1989 年　台北现代画廊举办“傅小石、傅二石联展”。

在沈阳举办江苏山水画写生团特展，并随团在东北地区写生。

1990 年　赴新加坡举办“傅小石、傅二石兄弟画展”。

1991 年　古吴轩出版社出版《傅二石画集》。

1992 年　中南海收藏《夏山雨霁》。

1993 年　古吴轩出版社出版《傅二石山水画》明信片十幅。

与尚君励、卢星堂合作《虎踞龙盘今胜昔》捐给毛主席纪念堂。

赴台举办画展“纪念傅抱石九十周年诞辰”。

1994 年　于南京、北京纪念傅抱石九十周年诞辰，举办画展、讨论会。

1995 年　于纽约皇冠画廊举办“傅二石画展”。

赴澳洲悉尼举办“傅二石画展”。

1996 年　江苏省美术馆收藏《山高水长》。

赴日本山口、松江等地举办“傅二石画展”。

1997 年　江苏海外联谊会赴香港举办“江苏五人画展”。

赴东京举办“傅抱石画展 ”，与画院领导同赴日本访问。

1998 年　赴澳门举办“江苏名家五人展”。

1999 年　出版“江苏美术五十年”作品《山雨》入选。

2000 年　广州逸品堂举办“傅二石画展”。

国务院办公厅及全国美协为作品《快意雄风海上来》发收藏证书。

2001 年　中央电视台摄制《东方之子》专题片。

2002 年　举办“傅二石画展”。

山东新闻书画院出版《傅二石山水画选》。

2003 年　龙湖翰苑举办“傅二石画展”。

2004 年　为纪念邓小平同志诞辰一百周年作《高山仰止》赠毛主席纪念堂。

在南京和北京纪念傅抱石百年诞辰。

江苏省美术馆举办“傅二石画展”。

2005 年　浙江卫视亚妮专访拍摄“傅抱石”“傅小石”“傅二石”共三集专题片。

南博聘为书画鉴定顾问。

2006 年　江苏省美术馆举办“傅二石画展”并出画册。

文化部文化市场发展中心聘为“二十世纪美术作品国家档案艺术委员会”委员。

北京中国美术馆举办“傅二石画展”，并举行学术研讨会。收藏《夏山过雨图》和《阿尔泰风光》两幅作品。

2007 年　中国残联“华夏文化集团”评为“爱心艺术家”并发给证书。

北京中国画创作研究院聘为副院长。

江西师范大学聘为客座教授。

南京市展览中心举办“傅二石画展”。

2008 年　中央电视台收藏大幅山水《夏山雨霁》。

新余市政府聘为“新余市抱石画院”名誉院长。

2009 年　北京中华世纪坛举办“中国山水画家特展”，并出大型画册，大型作品《云涌黄山》等参展。

为国庆六十周年、政协六十周年画展作《旭日东升》。

江苏省海外联谊会出版《江山多娇》大型画册，《暮归》等作品入选。

江苏出版《走向辉煌革命征程·江苏新貌》大型画册，作品《南京石头城》《遵义晨曦》（与常进、崔见合作）两幅作品入选。

中国出版集团公司贺新中国六十周年名家作品集《正当代·盛世中国画》，作品《青山高几重》入选。

文化部文化市场发展中心聘为“二十世纪美术作品国家档案艺术委员会”委员。

中央教育台摄制《水墨中国：傅二石的艺术透视》。

2010 年　旅游卫视摄制《艺术传奇：山水画家傅二石》。

2011 年　北京《中国色彩 ·绘画艺术作品选》作品《松瀑图》入选。

泰王国曼谷画院聘为“永远名誉院长”。

北京国韵文华书画院在中国美术馆举办“中国画名家四条屏展”，作品《唐人诗意四条屏》参展并入选《典藏集》大型画册。

江苏省美术馆收藏作品《依山傍水几人家》。

2012 年　应邀赴纽约参观“傅抱石画展”，并撰文《从金刚坡到大都会》发表。

《艺术沙龙·新金陵画派之后》介绍《雨后奔泉图》《泉落青山出白云》等十余幅作品。

文化部中华文化交流中心聘为国韵文华书画院艺术委员会主席。

2013 年　赴布拉迪斯拉发参加“中国 ·斯洛伐克艺术展”，《黄山晴云》《云山幽居图》《深谷流泉》等十幅作品参展，并收入《中欧艺术对话——中国·斯洛伐克艺术展》画册。并获赠斯洛伐克文化部副部长颁发荣誉证书。

经九三学社中央决定，被任命为九三学社中央文化工作委员会委员。

11 月，在扬州文联美术馆举办“云山得意丹青妙——傅二石山水展”。

2014 年　10 月，于江苏九三学社画廊举办“自然是法——傅二石山水画展”。

中国文艺出版社出版《傅二石速写作品》。

2015 年　江苏人民出版社出版《中国高等艺术院校教学范本·傅二石山水画作品》。

2016 年　在江苏省美术馆举办“道法自然——傅二石八十艺术回顾展”，同时举办“道法自然——傅二石八十艺术回顾展座谈会”。

2017 年　7 月 31 日，因病于南京去世。

探寻造化万物之美

——访傅二石先生

傅二石曾历经磨难，但命运的多舛并没有销蚀他的艺术精神，他总是笑对人生。他遍历名山大川，以如椽之笔，画胸中丘壑；他乐见新朋旧友，多少伤心事，尽付笑谈中。傅二石曾画过一幅《醉僧图》，题款是清人黄易的一副对联：有酒学仙，无酒学佛。从中不难品出傅二石那种自然放达的性情，这也颇具其父傅抱石之风。有了这样的性情，才会有那种气蕴山河的艺术胸襟，才会有对人生艺术的沉醉与痴迷。

傅二石的山水画云蒸雾润，气韵生动，与傅抱石的大气磅礴相比，更多几分灵秀婉丽。他并不固守家学，也不追求个人艺术风格的恒定，和他的为人一样，他的画中流动的是自然的韵致，真挚的情怀，隽永的内蕴，那是一种充满阳光气息的刚健质朴的美。

傅二石目前应邀到山东新闻书画院作画，年已65岁的他依然如青年般勤于思而敏于行，他在作画的间隙还同笔者说古论今，谈笑风生，令人如沐春风……

张荣东：您的家学渊源会令许多人感到羡慕，继傅抱石之后，您和傅小石都在画坛上卓然有成。这并不多见，一家人都画画并不难，但要想画到你们那种既继承家学又风格独具的高度就很不容易，您能谈谈这方面的情况吗？

傅二石：傅家的子女有五人是画家，其中三个在海外，个人也都还有点小成绩，我想这和绘画世家的出身是有很大关系的。我的父亲傅抱石是画家，母亲也做过中学美术教师，家里常常画家云集，耳濡目染，从少年时就觉得画画是世界上顶重要的事。小时候父亲常让我帮他研墨，一磨就是两个钟头，那时我觉得画画有时也是一件苦差事。后来大了父亲就给我们看中外的一些画册，还让我们两兄弟背着画夹到重庆郊区写生。父亲反对我们临他的画，而是让我们临《芥子园画谱》，打好传统技法的基础。再后来到外地上学，每次回家都要交“作业”，一般是临摹古人的画，父亲都要仔细检查，指出优劣。经过这样的阶段后我们才开始真正理解父亲的笔墨，父亲的画每一笔都强调其整体效果，风格大气磅礴，和谐统一，给我以很大的教益。

我们之所以能有今天的创作画貌，更重要的是得益于父亲的艺术观念，一方面他对中国的民族文化传统有着极强的自豪感，始终坚持保存和发展传统：“要像保护眼珠一样保护中国传统中好的东西。”我们做子女的深受其影响，在中国画“衰亡论”甚嚣尘上的20世纪90年代，我常想起父亲的话，“中国人赶超世界水平指的是工业，绘画我们不比任何国家差”“中国画家完全可以走进世界艺术之林，如入无人之境”。另一方面他又认为因循守旧会导致艺术的了无生气，因此既要学习传统、珍视传统，又要以革新为己任。傅抱石也是革新的楷模，他的革新使毛笔得到了解放。

张荣东：不可否认的是，傅抱石一方面作为父亲给了您以很深的教益，但另一方面作为绘画大师的傅抱石又是不可学的、难以逾越的，您有时是否感到深厚的家学也是对艺术创造的“自我”的一种束缚？

傅二石：我不追求和父亲绘画的相似。父亲的作品现在价格很高，很多人去模仿、临摹，获得了很多好处，在我看来这都是毫无价值的。我个人的修养、性格决定了我的画路，但并非说就没有受父亲的影响，比如说父亲有很出色的概括能力，处理细节不过于简单又不过于琐碎，他哪怕是画小画也像是画大画，我对这样的境界是一直孜孜以求的。我个人的创作不太喜欢标新立异，艺术不应脱离生活脱离社会，艺术的生命力在师造化中，我坚信只有体验生活，在生活中才能找到创作的灵感。艺术的追求是无止境的，我同时坚信中国画的前途，中国画还没有穷途末路，它还有很大的发展空间，更重要的是群众还需要这个东西。对于那些关于中国画的方法落后了之类的奇谈怪论，我完全置之不理，艺术不同于科学的发展，我们要追求更新的电脑，但艺术完全不是一回事。

张荣东：您谈到了群众对艺术的需求问题，很多人认为这个问题是老生常谈，其实这个问题在很多人那儿始终都没有被解决，艺术的读者问题近年来在西方受到了前所未有的重视，并不是只有我们才强调人民的需求。按照接受美学的解释，读者的欣赏与接受是作品完成的标志，重视读者是很有必要的，近年来出观的有些所谓“先锋”的东西背后其实是对广大欣赏者的一种藐视与挑战。

傅二石：有一些人受西方的影响，单纯表现主观、荒诞的东西，这一类人被我从艺术家的行列中去掉了，它们的艺术没有生活，而是在某种观念形态下机械的拼凑。我这个人有点传统甚至保守，有人宣称凡是传统的东西都是废纸，那什么画才不是废纸呢？这没有样板没有标准，传统也不是固定不变的东西，当时，我父亲的“抱石皴”曾被骂得狗血喷头，报纸上还专门登出打油诗来讽刺打击，说什么“远看像冬瓜，近看像蛤蟆。原来是国画，哎呀我的妈”。但后来也成了传统，这里面不单纯是技巧的东西，关键还在于人们审美习惯与标准的变化。

我认为画家一定要深入生活，世界非常美，造化万物无所不美，黄山、庐山、无名山、大沙漠都美得不得了。那还要画家干什么？那是因为美要发观，发现美是艺术家的“特异功能”。不少人到泰山、庐山、黄山，认为没有什么，但对艺术家来说必须对美有特别的敏感。

张荣东：那应该是一种诗人般的敏感，我接触过一些画家，发现优秀的画家大都有诗人的气质，那种对事情敏锐的感知，情感的真挚，思维视角的独特，使他们的作品区别于一般的画家。

傅二石：严格讲画家如果没有诗人的气质就很难称得上是一个出色的画家，画家要有对美的强烈的、独特的敏感才能使他从平常的东西中挖掘出独特的审美价值，画出给别人以不同感受的作品。泰戈尔的诗也是写平常之物，但却格外具有打动人的力量。这也是画家与画匠的区别所在，认真说起来许多自称画家的人其实是画匠，许多过分注重玩弄技巧、过早追求个人风格、过早追求名利的人，结果往往连称之为画匠都勉强，这实在是他们始料不及的。我对自己的评价是：当了许多年的画匠，现在才开始脱离。我曾跟朋友说过，我为了知道把一张白纸变得普通人爱看的画作，由于我生性愚钝，竟用了几十年的时间，对于有人刚出道几天就自封大师，我非常“敬佩”。

张荣东：我在采访孙其峰先生时他就曾谈到自己的学生要盖纪念馆，求他题字，他劝学生不要盖什么纪念馆，不好。但学生过了几天又来找他，说老师我改了，不叫纪念馆了，改成“展览馆”。孙先生当时就说，地瓜叫红薯和白薯又有什么区别？我觉得不少所谓的“大师”就是这些方式立起来的。

傅二石：现在盖纪念馆的大有人在，真正的大师应把艺术当作自己的生命，哪有时间去考虑自己的纪念馆盖在哪里的问题，这是非常不正常的风气，是荒唐的，许多有成就的历史名人还没有一座像样的纪念馆，小有成就就大兴土木，树碑立传，置古代名人于何地？我到悉尼办画展时，记者问到中国绘画的现状，我提到了画界一些人急于当大师的风气，报纸登出来后，在当地华人中引起了强烈的抗议，有人当面指责我，你为什么要这样？你知道这样得罪了多少人？后来我才知道，已经来澳洲的画家，每个人都自称大师，所以我把每个人都得罪了（笑）。

张荣东：能谈谈您近年的创作状态吗？

傅二石：我热衷于细心地体察大自然本身，不要有成见、非名山大川不可，往往是在最不为人注意的地方才能发现真正的美。我们现在条件好了，比起前辈来说，能看到更多秀丽的山川江河，我努力去寻找它们的诗意与美感。对于一个画家来说，要想保持创作的生命力，除了体验生活，别无他路。体验生活有丰富的内容，艺术的感受只有在生活中才能变得越来越丰富，生活是中国画取之不尽的源泉。一想到这一点，我就觉得有做不完的事情。

张荣东：能否谈谈您对这次山东之行的期望？

傅二石：我曾在山东生活多年，也有很丰富的经历。山东尤其是济南属人文荟萃之地，人们对艺术的理解、对书画的爱好及欣赏能力都值得重视。从当前来看，济南画坛出色者很多，有很多知音，我希望能和齐鲁画家有更多的交流，使自己的艺术在交流中得到提高。当然，也希望有更多的人来欣赏、收藏我的作品。

（本文系 2002 年张荣东对傅二石先生作的首次访谈）

傅二石：金刚坡的回忆

艰苦的逃难历程

1937年七七事变后，日寇大举南下，抗日战争全面爆发。为了躲避日寇的铁蹄，东南各省成千上万的人成了逃难的难民。我父亲所在的中央大学准备从南京迁往重庆，我父亲则借此机会到安徽宣城考察石涛遗迹，以便完成他关于石涛的研究课题。父亲是1937年8月到宣城的，11月便离开宣城赴南昌。父亲事后曾有文记叙经过："余旅宣城，广德陷，敌直犯，始仓皇离去。"

父亲回到南昌，仅过了两个多月就携全家人移居老家新余。在新余，父亲由报上得知，国共合作成立政治部第三厅，专事抗日宣传工作，郭沫若任厅长。郭通过报纸召唤父亲前去参加三厅工作。于是父亲便只身前往武汉，就任三厅的秘书，并开始了繁忙的工作，频繁来往于武汉、株洲、衡山、衡阳、东安、桂林等地。由于日军已过了长江，我父亲又匆忙赶回老家新余，于1938年6月初接家人从新余移居湖南省靠近广西的东安市。同年底，又由东安市迁至广西桂林市。在桂林停留不到两个月，便又启程往四川省逃，

傅二石与父亲傅抱石

从而开始了逃难历程中最艰苦的阶段。

离开新余的时候，我才两岁，哥哥小石也不过六岁。因外公已过世，外婆跟随我们一起逃难。在路上患眼疾得不到治疗，视力减退以致最后双目失明。这当然给逃难中的父母增加了极大的困难。在到桂林以前尚有火车可坐（湘赣线、湘桂线）。途中的困难虽多，父亲尚能应付。而从桂林入川途经贵州省，有数百公里既无火车可坐，连汽车亦每每因路不畅通而坐不上。从黔北直到重庆南面一带，乌江河道纵横交错，高山大岭布满其间，给我们一行造成了极大的障碍。当时我们一家人除外婆已双目失明外，还在东安添了一个妹妹，尚在襁褓之中，因此全家人的行动极为不便。有几次不得不徒步翻山越岭，一路上母亲牵着外婆，父亲带着他视为生命的书稿，我与妹妹分坐在一副担子的两头，由雇来的挑夫挑着我俩走，小石跟在我们后面。虽然当时我还不到三岁，对当时的事还记不清楚，但坐在担子上逃难的情景，后来我还能依稀记起。

吃尽千辛万苦，终于挤上了川黔铁路到綦江的火车。到了綦江，父亲算松了口气，因为离最后的目的地重庆不远了。但是在綦江我们又遭到了厄运——逃难中母亲在东安生下的妹妹突然高烧不退，父母尽全力挽救这苦难的小生命，但当时医疗条件差，终于没能救过来。这是父母在逃难中经受的第二次重大打击。第一次是外婆双目失明，这一次又失去了女儿，父母在极度悲痛中就地掩埋了自己的亲生骨肉。父亲尤其感到悲痛，因为他在生了我和小石两兄弟之后，特别盼望能得一女儿，所以我的妹妹可说是应运而生，结果却半途夭折，这是多么残酷的打击啊！

在悲痛的气氛中，我们在綦江度过了近三个月时光。当时郭沫若与三厅的同仁已在重庆等待我父亲，于是父亲带着我们全家赶到了重庆。

来到金刚坡

为了躲避日本飞机的轰炸，三厅决定把文化工作委员会安在重庆市西郊群山之中的金刚坡下赖家桥。参加三厅工作的许多文化名人，如田汉、阳翰生、冯乃超、司徒乔、高龙生、张文元、李可染以及我父亲等，都来到金刚坡下赖家桥附近安家落户。

金刚坡位于成渝古道上，距重庆市区约七十华里，其间多为蜿蜒曲折的盘山公路。从重庆市区乘车往西经过歌乐山，再下行二十余里便到了金刚坡。金刚坡下的第一站便是赖家桥。再往西是陈家桥和青木关两个较大的站。出了青木关便是壁山县和铜梁县了。

金刚坡一带重峦叠嶂，林木茂盛。我们家住的地方距赖家桥约二里路，是租的一个岑姓地主的房子。岑姓地主家是个独立的大院，院子前面有大片竹林，清澈的小溪环绕竹林而过。院子后面是树林和竹丛，其中两棵巨大的皂角树格外引人注目，它们因所结果实可以当肥皂用而得名。院子的东北是金刚坡和郁郁葱葱的山峦。而金刚坡下是层层梯田与错落有致的农舍。每到黄昏时刻，落日余晖照在金刚坡上，牧童牵着耕牛缓缓归去，农舍升起袅袅炊烟，确是一幅美丽的田园风光。

初到金刚坡时，因为刚刚结束动荡不安的逃难生活，大家都有欣慰之感。父亲除了要安顿好全家的生活，经常要去赖家桥全家院子，与文化工作委员会的同仁商讨抗日宣传事宜。但每得空闲，便回到宿舍做自己的事，当然不外乎作画、著书及搞篆刻。因为父亲既是画家，又是研究中国美术史的著作家，还是篆刻家。他在大学里教授的也是这三门课。1940 年 9 月，国共合作破裂，文化工作委员会解散，父亲又回到当时在沙坪坝的中央大学任教，同时兼任国立艺专的课程。自那以后，父亲每周都要去沙坪坝上课。而从金刚坡到沙坪坝来回数十里山路，父亲常常是徒步行走。他把这看成是亲近大自然、感受大自然的大好机会。因此无论春夏秋冬还是阴晴雨雪，他都坚持步行上班。

父亲有副清癯的面孔和修长的身材，总是穿着一身陈旧的青灰色长衫，手里拿着一个装满讲稿和书籍的提包和一把油纸做的雨伞，脚上穿着一双已经有些破损的黑布鞋。这就是父亲出门远行时的标准形象。无论是家人、朋友还是他的学生，对这一形象都非常熟悉。在人们心目中，父亲才华横溢而又学识渊博，既有艺术家的气质又有学者的风度，却永远保持一介布衣、朴实无华的外表。

父亲是个极其勤奋的人，不论在什么样环境里，无论在南昌做教师时，在日本留学时，还是回国后在中央大学任教时，他都同时要做好几件事，而且有严格的工作计划。来到金刚坡后，经过短暂的调整适应，他便开始井井有条的生活。但父亲身上的压力是巨大的。不但有工作上的压力，还有生活上的压力。当时的重庆，因战乱及大量人口涌入，物资奇缺，物价飞涨。而知识分子的收入极其微薄。生活的拮据常使父母感到为难。父亲曾在作品题记中写道："战时一切均极激荡——所居仅足蔽风雨，所衣皆丁丑前之遗——真如大痴家无担石之储也。"郭沫若曾在文章中描述父亲当时的状况是"穷，穷，第三个字还是穷"。

但生活上的巨大压力并未打乱父亲的工作计划。仍不断地写宣传抗日的文章，不断地发表新的学术著作，不断地推出自己的国画新作，举办画展，也没有停止过他对篆刻艺术的理论研究与实践。而这一切，都是在完成中央大学与国立艺专这两所学校每周数天的授课任务之外的时间里做到的。

金刚坡下抱石山斋

在金刚坡我们生活了8年。在这里我度过了童年的美好时光，从开始有记忆的孩提时代一直到快读完小学。我童年的回忆完全围绕着金刚坡，所以金刚坡永远使我感到亲切。但今天人们之所以常常谈起金刚坡，那是因为到金刚坡以后，父亲作画常常要题上“作于重庆西郊金刚坡下抱石山斋”。8年之中父亲在金刚坡下创作了数百幅画，其中有许多已为世人所熟知，如《潇潇暮雨》《万竿烟雨》《丽人行》《屈子行吟图》等。今天这些作品已成为全人类的文化珍品，早已价值连城，海内外藏家欲重金求购而不能。于是金刚坡这个地名便为大家所熟悉，知道它是傅抱石许许多多绘画精品的诞生之地。

但到过金刚坡的人都知道，这间父亲称为“金刚坡下抱石山斋”的屋子，其实连画室都称不上。它原先只是房东家堆放杂物的仓库，既矮小又阴暗。房间里只有一张方桌，是房东借给我们吃饭用的。因此必须等我们吃完饭以后，父亲才可以用它来作画。由于光线不足（只有屋顶上的两块透明瓦透点光线进来），父亲总是把桌子搬到靠门口处，借着门外的光线才能作画。而等到下一顿饭开始之前，父亲还得把桌子上的一切收拾起来，好放饭菜。这就是父亲在他的画上所题的“金刚坡下抱石山斋”。

父亲作画时全神贯注，用大笔在纸上纵横驰骋，须臾间便满纸烟云。由于渲染时水用得多，整个画面湿漉漉的，需要赶紧放在火盆上烤，烤到半干再放到桌上进一步加工处理。若在夏日，父亲常常是光着上身，脖子上围着一块擦汗用的发黄了的毛巾。父亲的这一形象牢牢地印在了我的脑中。

父亲在他的一篇文章中把他的“山斋”与他所崇拜的清初大画家石涛的“山斋”相比。石涛曾有描写他的“山斋”的诗一首：

年来我得傍山居，消受涛声与竹渠。

坐处忽闻风雨到，忙呼童子乱收书。

父亲说这首诗似乎正是写的他自己的处境。其实，比起父亲在“金刚坡下抱石山斋”里的处境来，石涛还是要舒适高雅得多呢！

金刚坡时期父亲的作品具有泼辣厚重的特点，故作画时用墨特别多，而磨墨便成了一大任务。通常这个任务由我母亲来承担。而我与小石兄弟俩也常被“抓差”。但磨墨这件事我的耐性最差。只要有朋友叫我去玩，我的心便会立即离开砚台飞到树林里去了。父亲每每因为墨磨得不够浓而强令我“返工”。

往往醉后

我对父亲的“最大贡献”是到店铺替父亲打酒。父亲酷爱饮酒。无论吃饭、作画都离不了酒。甚至在看书、写文章，与朋友聊天的时候也少不了酒。他对不同的酒好象并无什么偏好，茅台固然为其所爱，二锅头也一样喜欢。但在抗战时期的乡下，瓶装的名牌酒是买不到也买不起的。当时只能在附近的店铺买散的高粱酒。离我们家最近的店铺是在金刚坡下一条叫“坡脚”的小街上。每到吃饭前，母亲就会让我去给父亲打酒。她交给我一个酒瓶和几个铜板，我便光着脚（有时穿双草鞋）一路小跑直奔店铺。店铺老板见我来了，便打开酒坛，用竹子做的量具（分老称二两、四两、半斤三种）往瓶子里装酒，每次半斤或一斤，全看父亲的需要。

父亲的酒量并不特别大，一次有半斤白干下肚，就算过了酒瘾了，然后就会进入微醉状态。此时我就要特别警惕了，因为父亲往往会在这时候找我的“茬”，并借着酒性对我大加训斥。我也有被父亲“冤枉”的时候，但一般说来还是“事出有因”。小时候我的顽皮是出了名的，经常和别的孩子打架，还喜欢爬树，为了掏鸟窝里的鸟蛋或小鸟，经常把衣服弄破，所以闯祸不断，父亲对我也就特别感到头痛。但他骂我的时候常用成语或文言，比如“庙前庙后”“无以复加”之类，我过了很久都弄不明白其中的含意。

父亲到金刚坡后不久，就刻了一方闲章“往往醉后”，刻这方章当然与他吃饭时好饮酒没什么关系。这方闲章是用来钤在他的画上的。但他又不是每幅画上都钤上这方章。人们曾研究过父亲是在什么情况下才钤这方章。父亲并没有对谁说过其中的原因，但只要细看他的作品，就不难看出父亲只在对作品感到满意或比较满意的情况下才钤上这方章。

父亲饮酒作画的故事早已成为众人皆知的画坛逸事。作画时便要饮酒的习惯应该是到金刚坡以后才形成的。入川之前，无论是在日本留学期间，还是回国后在中央大学任教期间，都找不到他与杜康结下不解之缘的证据，更不要说抗战以后的逃难期间，他不可能边逃难边饮酒了。

四川人的酿酒技术相当高，即使在乡村店铺散打的高粱酒，父亲喝起来也是非常惬意有恍入仙境之感。

父亲因饮酒过量，导致作画失败的情况的确有过。他曾对别人说过这样的例子：有一次他一边喝酒一边作画，最后醉醺醺地睡着了。第二天醒来想起昨晚的画却找不到了，于是大家一起彻底翻找，最后在蚊帐顶上发现了它。但这幅画因渲染过度而成了废纸，是父亲自已把它揉成一团扔到帐子顶上去了。

另一个例子是1942年6月，父亲拟作一幅《龚半千与费密游图》，但“把杯伸纸，未竟竟醉”。等到“深夜醒来，妻儿各拥衾睡熟，乃倾余茗，研墨成之。蛙声已嘶，天将晓矣！”这是画成之后，父亲在题记中的生动记叙。

但这都只是难得的例外。父亲钤有《往往醉后》闲章的作品为数众多，它们可都是成功之作、精彩之作呢！

“研墨妇”与“抱石时慧同观”

由于常为父亲磨墨，我母亲自称“研墨妇”。其实母亲的作用远不只是为父亲磨墨。我母亲当年不仅是“大家闺秀”，而且还颇有才气与修养。她是南昌第一代女子中学的毕业生，又在武昌艺专学过音乐和美术，在南昌做过中学教师，既会作曲又会画画。她看中了我父亲的“雄才大志”，放弃了自己的种种抱负，而决心终身辅助父亲成就他的大事业。可以说父亲和母亲双方都实现了自己的诺言。在金刚坡的 8 年中，父亲以艰苦卓绝的精神努力于他的事业，并成就了他的艺术生涯的第一次辉煌。而这其中确有母亲的巨大功劳。1945 年，也就是我们到金刚坡的第 7 个年头，父亲为母亲 35 岁生日精心创作了一幅画，并作了一篇充满感激之情的题跋。其中写道：

今日为时慧三十五晋五生日，入蜀六载余，实未尝重视之也。忆与时慧结缡十有五年——余以艰苦之身，避地东川，岳母李太夫人俱来，战时一切，均极激荡，而我辈仍不废丹青——幸时慧忍受向所不能忍者——戊寅秋于湖南东安旅次生一女，卒以入蜀途中殇于四川綦江，时正重庆遭敌狂炸之翌日。嗣后连得珊、璇二女，哺育之苦，时慧任之，余之感纫为荷也——际兹浊世，一切不堪，倘将来得有所传，皆非余所应有，盖莫非余母之所训，暨时慧之所助成也。乙酉五月十七日，重庆西郊金刚坡下寄寓，并记敬意。时慧赏之，傅抱石。

这幅画上一端庄秀丽的女子立在柳树丛中，回首凝视远方，衣带在风中飘动，一派春意盎然。几乎凡见此画者皆说父亲所画正是母亲的形象。父亲对母亲的一往深情确是见诸笔端呢！

1943 年父亲在《巴山夜雨》一画的题记中写道：

予旅蜀将五载，寄居西郊金刚坡下，弥来兼旬淋雨，矮屋淅沥，益增旅人之感。昨夜与时慧纵谈抗战后流徙之迹，因商量营此图为纪念。

在此图中，父亲以大笔重墨画成的山坡几乎占去全画的五分之四，山坡上房舍与树丛交织在朦胧的夜雨之中，唯图的下方有一窗户格外明亮，好似父亲正在此屋中与母亲纵谈往事，触发灵感，当即“商量营此图”。

还有一幅父亲的得意之作，画了两个古装仕女在柳树下信步游春，而“余写此幅未竟，时慧曰：此春光也，即题之”。

这样的例子还有很多。总之，母亲不仅是父亲事业上最好的助手，还是父亲作品的真正的知音。

除了生活上为父亲排忧解难以外，父亲在艺术创作中，也常常离不了母亲。父亲对自已的每一幅作品都要求尽量做到完美，而母亲总是他的作品的第一个鉴赏者，父亲对母亲的意见极为重视。当然也有意见不一致的时候，譬如父亲自已引以为得意的作品母亲却以为有大的缺陷，并说出自已的理由来。在当时父亲会不高兴，但过了一天，我们发现父亲把那幅画从墙上拿下来了，并在新的纸上重新画起来。

他们之间的这种关系充分体现在我父亲所刻的一方印章“抱石时慧同观”中。这方印章的含义当然并不是仅指父亲和母亲一同观看或观赏什么。它应该有更广泛或更深刻的含义。根据我们平时对父母的了解及父亲在作品中所作的一些题记，母亲确是在某种程度上“参与”了某些作品的创作过程。这种“参与”就表现在经营构思一幅作品时的商量，作品完成后的鉴赏，以及作品题目的选定上。因此可以说，父亲特意而刻的“抱石时慧同观”这方章，正显示出父亲对母亲的鉴赏能力的看重与肯定。也显示出他们的长期共同生活是多么幸福与充实，那的确是一种令人羡慕的夫妻关系呢！

警报声响

来到金刚坡之后，原以为可以得到的宁静，却常常被急促而刺耳的警报声打破。这声音表示日本飞机又来了。抗战爆发的第二年，重庆曾遭到日本飞机的狂轰乱炸，造成了十分惨重的损失。此后便不时有日本飞机来执行轰炸任务。于是重庆便不时会响起警报声。只要警报一响，人们便丢下一切蜂拥到最近的防空洞去，直到警报解除，各自回家。好在重庆是座山城，到处都有山洞。金刚坡一带离城区较远，城里的警报声传不到这里，于是便出现了“乡村警报”。那是敲打铁块的铛铛声。敲打的声音急促，就是“紧急”警报，声音缓慢，就是“解除”警报。

金刚坡并不缺山洞，当地选择了一个较大较深但离我们较远的山洞，略加改造（安一扇较牢的门，洞里面放上一些石块供人坐，当然还得安一些通气设备）就成了“防空洞”。

我们家因有老有小，有警报也不能都去防空洞，一般只是我与小石两兄弟跟着父亲去防空洞，而母亲和外婆就在家里。家里也有个简易的“防空设施”——把家里所有的棉被都放在家中仅有的那张方桌上面，以防房子倒塌。桌子下面则垫上厚厚的纸或木板，母亲与外婆便坐在上面，耐心地等待警报解除。我记得每次跟着父亲去防空洞时他都要带上本书，这样就不会浪费时间。在防空洞里时间一长会感到闷得慌，但父亲仍能专心致志地读他的书。

后来我偶然发现在我们住的院子后面不远的地方有个佛龛似的浅浅的洞，正好能坐两个人。就向母亲建议，再有警报时我就同外婆一起来这里，比在家里躲在桌子下面更安全些。母亲同意了。从那以后只要警报声响，我就同外婆各拿一张小木凳，还有一个小茶壶和一把扇子，到我“发现”的“微型防空洞”里等待解除警报，那正是听外婆讲故事的最好时机。像“薛仁贵征东”“火烧红莲寺”这些故事都是我最爱听的。说实话，这也正是我出新主意的动机之一。

我的外婆在跟随全家逃难的过程中因患眼疾而双目失明，此后她虽然受到全家人更周到和更细心的照顾，但行动极为不便仍增加了她的许多痛苦。只是她从不向别人表露她心中的痛苦，只是手里拿着佛珠不停地念经，祈求菩萨的保佑。到金刚坡以后，外婆很快就适应了新的环境，她是个盲人，却很快就摸熟了她每天活动的路线及经常要做的事，例如从她睡觉的床走到放便桶的地方，再走到洗脸的地方和吃饭的地方。在她的有限空间里能够行动自如，但是离开这个她熟悉的空间就要靠别人的帮助了。比如要去院子后面的“防空洞”，也就不到一百公尺的距离，我带着她要走近 20 分钟才能走到。

父亲对外婆极为尊重，在文章或书信中提到外婆的时候，总称她为“李太夫人”。我从来未见过父亲在外婆面前有动怒的时候。从抗战开始，一直到外婆最后在南京去世，基本上是和我们在一起生活的。父亲是有名的孝子，对岳母也同样做到了尽忠尽孝。

团山堡的沙龙

自从三厅的文化工作委员会安在赖家桥以后，郭沫若所在的全家院子就成了搞抗日宣传活动的中心。许多画家都像我父亲一样在金刚坡一带找了落脚之地。离我们家最近的是司徒乔一家。他家住在距我家不到一里路，一个叫做“团山堡”的高坡上。他们住的房子比较宽敞，还有一间可容纳很多人的“客厅”。虽然没有很大的院子，但房屋四周有苍翠的树木和竹丛，还有他们自己经营的花圃，盛开的大理花色彩鲜艳而美丽。司徒乔一家热情好客，加上住得又近，我和小石就经常去“串门”。

司徒乔是个爱国的华侨画家，特地从新加坡回国参加抗日，他的油画《放下你的鞭子》曾激发了人们对日寇的仇恨。他的夫人冯伊湄是个作家。还有三个和我们同龄的女儿：大女儿司徒园与小石同龄，小女儿司徒羽与我同龄，还有个女儿叫司徒双。司徒乔根据女儿的名字给他的画室取名叫“双羽轩”。

我们那时虽小，却已懂得“以画会友”。尤其是小石，他才华出众，很快就以他的画艺征服了司徒家的三姊妹。她们要小石先在硬纸上画个漂亮的女孩，然后给这个纸做的女孩设计各种服装，当然也是纸做的。很快三姊妹每人都拥有自己的纸模特及配套的服装。后来我也主动加入这种游戏，为三姊妹设计模特和服装。但与小石相比，显然有相当大的差距。小石 10

岁的时候，与司徒家大女儿司徒园合作出版了一本诗配画的小书，取名《浪花集》，其中有司徒园的儿童诗及小石插画式的图画。因为两个作者加起来才 20 岁，这本小书曾引起了人们很大的兴趣。尤其是我们与司徒两家格外感到高兴，把这本书看成是我们两家合作的结晶。

司徒乔家的“双羽轩”也是当时住在金刚坡的画家们常聚会的地方。除了我们与司徒家经常往来之外，漫画家高龙生和张文元，擅长画牛的李可染也常去“双羽轩”。大家在一起谈论艺术与时政，有时还趁兴挥毫。“双羽轩”俨然成了金刚坡下团山堡上的沙龙。有一年春天的一个下午，团山堡上热闹非常，原来是父亲的好友、名记者罗寄梅夫妇来访。朋友们齐集“双羽轩”，大家畅谈一番后，决定趁兴挥毫合作，并且很快商定画以梅妻鹤子闻名的林和靖。画成后由我父亲写题记：民国三十二年四月二日，集重庆西郊金刚坡麓双羽轩，主人司徒乔为娱寄梅贤夫妇来游，乃有合作雅事，此第二帧也。写和靖者蓬莱高龙生，写鹤者太仓张文元，写梅花者新余傅抱石，彭城李可染，而女主人冯伊湄亦作横枝，傍乔兄坡石。迨晚灯下属抱石题之。合作完毕，时候已不早，主人以狗肉宴招待客人。那狗肉的来源系乡村的野狗，当日将其诱捕至家中，然后由司徒乔的内弟将其悬挂在树枝上，以棍敲打，使其体内的排泄物尽出，狗亦断气，再进行下一步的加工。此一过程被我亲睹，印象至深，尤其那狗的惨叫声令我难忘。故当烧熟的狗肉端上餐桌，众人争相品尝之时，我却感到“不是滋味”。后来我才知道广东人爱吃狗肉，就像我们吃鸡鸭一样，是家常便饭。司徒乔正是广东人。

在司徒乔家还举行过正规的沙龙式的活动。有次大概是赶上他家人的生日，邀请朋友去玩。我们一家准时到场。他家的客厅里已经点燃了好多支蜡烛，还准备了点心，留声机放着音乐，那种气氛令我感到特别新鲜，因为我还从未见过这样的场面。而最让我感到新奇的，是跳华尔兹舞。在“风流寡妇”的乐曲中，只见主人和客人结对翩翩起舞，不会跳舞的人只能在四周旁观。司徒乔长着一脸大胡子，穿着标准的西服，确有一副欧洲绅士的派头，他先与他的女儿跳，然后发现我和小石只是呆呆地站在一旁，就一把拉过小石，几乎是强行让他跟着自己跳。小石近乎狼狈的腼腆引得大家哄堂大笑。

总之，司徒乔家的这种活动在金刚坡应该是空前也可能是绝后的了，它让我留下了难忘的印象。

除了司徒乔，我最感兴趣的画家还有李可染。他的住处恰好在我上学的“清龙咀小学”里面，是一间十分矮小的屋子，大概只能容纳他一个人。但我常在上课之余到他的房间去玩，因为他会给我做玩具，诸如可以喷水的水枪，可以打鸟的弹弓，最复杂的玩具是用竹子做成的小推车。在我的心目中，他并不是画家，而是一个真正的能工巧匠。几十年之后，有次我在北京中国美术馆陪同已成老者的可染先生看画展，我曾问他是否记得在金刚坡为我做玩具。我话音刚落，他就接着用徐州口音说：“小推车！小推车！”令我惊讶不已。

此外，漫画家高龙生先生也曾让我印象深刻。有次夏天傍晚时分，高龙生、张文元、李可染等几个画家都来到我们家，大家坐在门前的大场子上乘凉。恰好房东家的老太婆也在场子的另一端乘凉，正坐在椅子上打瞌睡，一只大狸猫趴在她脚下睡得正香。这个镜头进入了高龙生的视线，他立即拿出钢笔和随身带的速写本，没过多久就完成了一幅漫画式的速写，老太婆和懒猫画得惟妙惟肖。大家一边传阅一边抿着嘴发笑，怕惊动了那位在睡梦中做了一回模特的老太婆。

洋人下乡求画

1942 年 10 月，重庆励志社举办了《傅抱石教授国画展览会》。这是父亲在重庆举办的首场个人画展。画展在重庆各界引起了强烈的反响。父亲画作新鲜而独特的绘画风格，广阔而充满历史感的题材，大块文章的现代审美情趣，潇洒飘逸的人物线条，与前人迥异的树石皴法，引起了观众的极大兴趣。但一些思想保守者看不惯父亲这种打破老传统的作品。他们不承认这是中国画。当时的《重庆日报》刊登了一位保守派名人的打油诗：远看像冬瓜，近看像蛤蟆。原来是国画，哎呀我的妈！但更多的人（如郭沫若、徐悲鸿、常任侠、张安治、陈晓南等）则热情地赞扬父亲的画展取得巨大成功，欢呼“中国画坛出现了又一颗巨星！”

父亲的画展只举行了三天，但产生的影响却是深远的。当时在重庆的欧美人士也对父亲的作品产生了极大兴趣。英国影响颇大的杂志《画室》在封面刊登了父亲的作品《万竿烟雨》。一些西方国家的外交官争相与父亲结识，他们不仅在展场上订购父亲的作品，还邀请父亲到大使馆做客。于是父亲结识了许多外国友人，其中有英国外交官赫尔利，法国参赞爱里舍夫，秘书典庐士，荷兰大使高罗佩，还有当时在中央大学艺术系任教的英国画家斯高特等。这些欧美人士都十分欣赏父亲的作品。他们把父亲比作“中国的印象派”“中国的莫奈”。这是因为父亲作画擅长用渲染之法来营造出画面浓郁的气氛。父亲说渲染之法古已有之，宋人就很擅长此道，日本人是从宋人那里学去的，我只是再把它拾回来。

这些欧美人喜欢父亲的画的故事很多。一次法国大使夫人找到我父亲，说她刚做了一个美丽的梦，梦中她身在教堂的花园里，周围开满了鲜花，有马蹄莲、康乃馨、虞美人，美丽极了，醒来仍浮现在眼前，希望父亲能把这梦境画出来。父亲只好根据大使夫人的叙述作了幅画，画面上一位法国贵妇徜徉在花丛中，背景是隐约可见的教堂，一切处于朦胧之中。大使夫人见画之后，不禁惊呼：“这就是我的梦！傅先生的画笔太神奇了！”

但是让我印象最深的，是我们在金刚坡接待“洋客人”。那些喜欢我父亲作品的外国朋友，有英国人、法国人、荷兰人，为了求我父亲的作品，决定深入“金刚坡下抱石山斋”。一天上午，他们一行五六人，在我父亲的学生沈左尧的带领下，从重庆驱车直奔赖家桥，再顺着田间小路来到我们家。这在当地是件空前的新闻，可以说引起了轰动。在客人到来之前，已经做了很多准备工作。主要的是如何接待这一群洋人。我们住的房子既狭小又简陋，而房东家的“堂屋”比较宽大。于是便由父亲出面与房东商谈借“堂屋”之事。

“什么？洋人要到金刚坡来？来做啥子？”房东是个没见过世面的土地主，听说他的穷房客要在家里接待洋人，感到十分不可理解。经过耐心的解释，他终于同意了我们的要求，临时把“堂屋”借给我们接待外宾。因此当客人来到之后，我们直接把客人领到了一切准备就绪的“堂屋”。

这间“堂屋”面积有三十多平方公尺，是整个岑家大院最大的一间屋子。平时家里有什么大一点的事大家就到这里集中，房东老地主常在这间屋子里施展他的威严，一般人不能在里面乱跑动。

洋人进了“堂屋”后立即开始观赏父亲的作品，并用他们的语言发表评论。沈左尧便忙着翻译：“太精彩了！”“太有趣了！”“你是怎样画出来的？”客人很快就选定了自己的目标。一切谈妥之后，时间已是中午，该吃饭了，便急急忙忙地把画收起来放到我们自己的房间里，而“堂屋”变成了餐厅。

那真是一桌地道的“农家菜”：鸡鸭鱼肉外加新鲜蔬菜，算得上丰盛。主人和客人围桌而坐。“洋”客人在刚刚“饱餐”了一顿“精神粮食”之后，面对满桌的“物质粮食”胃口丝毫不减，立即大吃起来。来的“洋”客人中，有的已在中国多年，能勉强使用中国的筷子。但也有的完全不会用，因此无法把美味菜肴送到嘴里，情急之下，只见他们把筷子一扔，直接用手抓吃起来。这一镜头被在门窗外看“西洋景”的人看见，在哄笑声中只听见“轰”的一声巨响，原来是那木窗户被外面围观的人压垮了。

虽然出了这样的“事故”，但这次“外事活动”还是给房东老地主留下了深刻印象。事后他见人就说：“乖乖隆的冬，傅抱石还真不简单，把‘洋大使’都搞到金刚坡来了！”

告别金刚坡

1945 年 8 月 15 日，日本宣布投降，重庆城里又是发号外，又是敲锣打鼓放鞭炮，大街小巷挤满了欢庆胜利的人群。而在金刚坡就没有这么热闹了。在我们住的地方也能听到稀稀落落的鞭炮声，那是从赖家桥传过来的。

所有的人都露出喜悦的表情。那天下午房东老地主手里拿着一张号外兴奋地走进我们家，一边喊着："傅先生！傅先生！"母亲告诉他父亲已去了重庆。老地主说："小日本投降啦！你们也要回下江去了，金刚坡留不住你们啦！"所谓"下江"是重庆人对长江下游各省的称呼。

的确，金刚坡的日子快要结束了。那年我读完了小学四年级，"清龙咀小学"是所初级小学，没有五年级。我就问母亲，我以后到哪所学校上学。母亲说，我们将跟着父亲到南京去，以后你要在南京上学。从金刚坡到南京，固然应该高兴。但我对南京毫无概念，而金刚坡则是我几乎全部的已知世界——8 年中我基本上没有离开过金刚坡，最远处只到过陈家桥和歌乐山。到金刚坡以前的逃难经历只留下了一些极其模糊的印象。

我们真正离开金刚坡是在一年以后。父亲工作的中央大学迁回南京是项庞大的任务，必须等到南京的一切基本就绪，父亲才能继续到中央大学授课。因此父亲决定继续留在重庆，继续在金刚坡下抱石山斋作画。直到 1946 年 10 月，我们全家才迁到重庆市区，在父亲一朋友家中先作短暂停留。那时我才第一次见到重庆的闹市，先到重庆电影院看了场电影《一千零一夜》，又到重庆大剧院看了场京剧《大闹天宫》，才对这座山城有了一个较完整的印象。

我们家在金刚坡期间又添了两个妹妹——益珊与益璇。大妹妹益珊的出生填补了我们家缺女儿的空白，因此父亲对她百般疼爱，每次从城里回到金刚坡总要给她带小礼物：点心或玩具。因此如果她知道父亲这天要回家，她就会站在路口的芭蕉树下等候父亲的到来。父亲老远看见妹妹迎接他的样子，就会高兴得用江西口音连声说"乖仔！乖仔！"父亲偏爱这个妹妹，以致她多次在父亲的画中出现，而且总是站在芭蕉树下，我们一望而知那是妹妹在等待父亲回家。

终于，乘飞机从重庆去南京的一切都安排好了。重庆的江北机场上停放着几架约有三十个座位的小型飞机。因为机舱狭小，对每个人的行李加以限制。母亲便采取措施减少行李，办法就是让我们每个人多穿衣服。虽然是秋天，我们都穿得像严冬时一样。螺旋桨转动了，在震耳欲聋的噪音里，我第一次体验乘飞机的感觉。在飞机上我并没有去多想很快要到的南京会是什么样。我在想的是金刚坡。它是我的故乡，事实上的故乡。在过去的数十年中，我曾多次回到金刚坡，去寻找我童年回忆中的一切。

父亲也曾在 1960 年特地到金刚坡下重游故地。当父亲站在“坡脚”当年打酒的地方回忆往事时，忽听到有人大声直呼“傅抱石！”定睛一看，原来是蹲在店铺门口的一个矮小老头在喊他的名字。仔细辩认，此人正是当年的房东。他在土改时被送到新疆劳改，劳改结束后刚刚遣回金刚坡。他在街上见到我父亲时开始也不敢认，待确认后才猛然一喊。就在这一喊声中，父亲似乎又见到了当年那个神气活现的老房东。

傅抱石作品

《松崖对饮》 1925年 南京博物院藏

《对牛弹琴》 1942 年

《仕女图》 20世纪40年代

《仿石涛山居图》 1943年 150.5cm×53.7cm 南京博物院藏

《长干行》 1944年

《人人送酒不曾沽》 1944年

《抚阮图》 1945年

《芭蕉叶绿上娥眉》　1945 年

《蕉下女嬉》册页　1945 年

《虎溪三笑》册页　1945 年

《晋贤图》 1945年

《潇潇暮雨》 1945年

《山居图》　1946年

《山居图》 1946 年

《山鬼》 1946年 南京博物院藏

《山阴道上》 1947年

《抢夺大渡河》 1951 年 南京博物院藏

《爬雪山》　轴　纸本设色　62.7cm × 107.5cm　1953 年 7 月　南京博物院藏

《东皇太乙》册页　1954 年

《国殇》 1954 年

《苦瓜炼丹台诗意》 1956年

《嘉陵景色》 1956 年

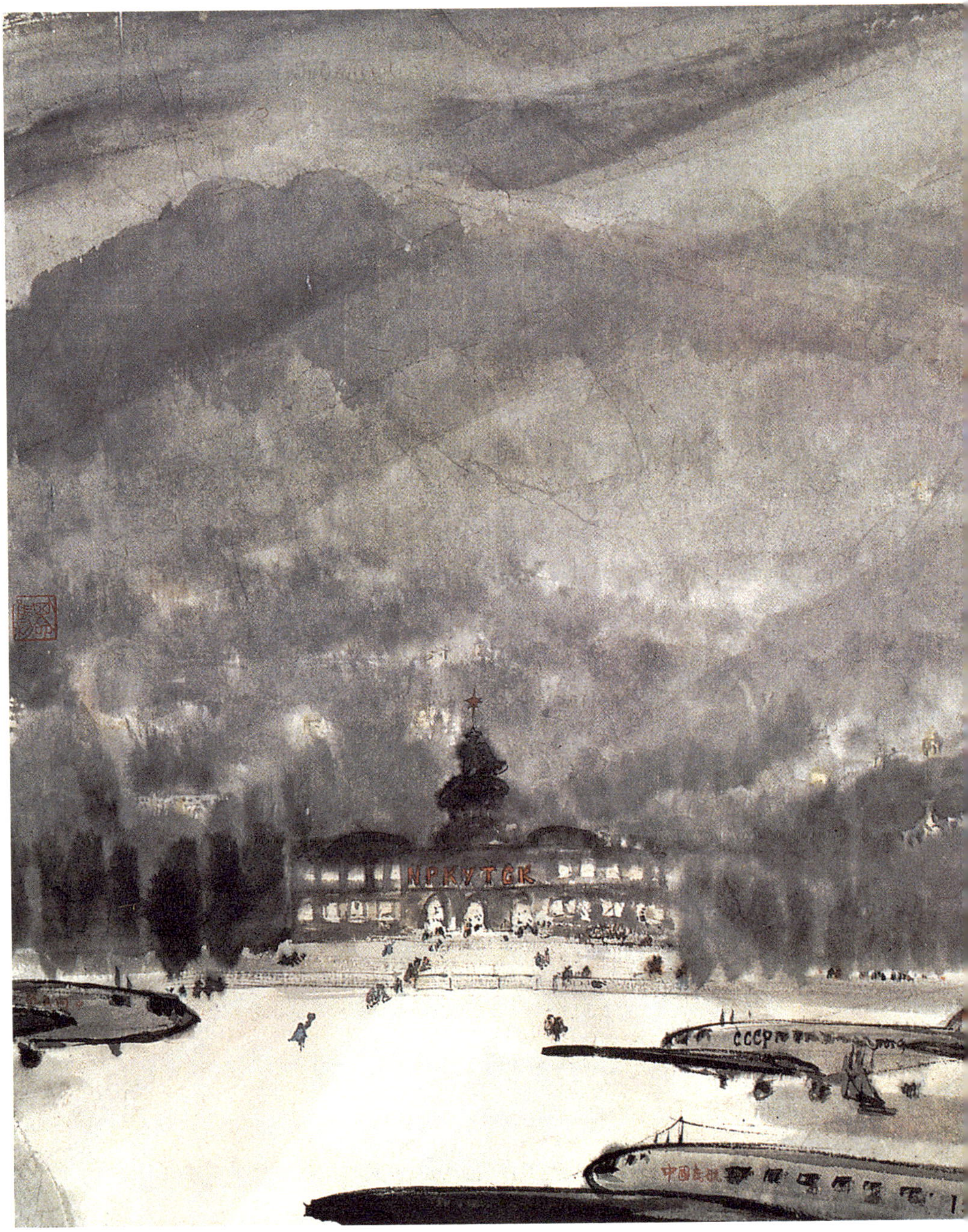

《伊尔库茨克机场》 1957 年

中蘇民航聯絡地——伊尔庫次克印象
今年五月和八月，中国美术家代表团两度過此，都在夜間。中国航機不斷降落，而蘇聯航機亦不斷东飛，两国親密無間之友誼，洋溢机場之上。並值偉大的十月社會主義革命四十周年，謹記印象，藉志不忘。
一九五七年十月廿日傅抱石記于南京

《推窗一望》　1957 年

《火花大厦雄姿》 1957 年

《比加兹列宁水电站》 1957 年

《西那亚宫林木流泉》 1957 年 南京博物院藏

《忆秦娥 · 娄山关》词意图　页　纸本设色　34cm×50cm　1958 年 11 月　南京博物院藏

《清平乐 · 六盘山》词意图　纸本设色　34cm × 49.5cm　1958 年 12 月　南京博物院藏

《西江月·井冈山》词意图　纸本设色　34cm×50cm　1958 年 11 月　南京博物院藏

《送瘟神之一》诗意图　纸本设色　34cm × 50cm　1958 年 11 月　南京博物院藏

《长征》诗意图　纸本设色　34cm×50cm　1958 年 11 月　南京博物院藏

《毛泽东浪淘沙北戴河词意图》　1958 年

《水调歌头 游泳》词意图　纸本设色　34cm×50cm　1958年11月　南京博物院藏

《沁园春 · 雪》词意图　纸本设色　34cm×49.5cm　1958 年 12 月　南京博物院藏

《杜甫像》 133.6cm×79.6cm 1959年

《江山如此多娇》横幅　纸本设色　30.2cm×65.9cm　1959 年 7 月　南京博物院藏

《韶山图》卷　纸本设色　27.7cm × 136.2cm　1959 年 6 月　南京博物院藏

《到韶山》诗意图　纸本设色　81.8cm × 116.3cm　1960 年 5 月　南京博物院藏

《枣园春色》　纸本设色　50cm × 70.5cm　1960 年 11 月　南京博物院藏

《山城雄姿图》横幅　1960 年

《龙蟠虎踞今胜昔》　纸本设色　60cm×87cm　1960 年 5 月　南京博物院藏

松下问童子　1960年

《浪淘沙·北戴河》词意图 1960年

《二湘图》 134cm×68.5cm 1961年 南京博物院藏

《镜泊飞泉》　1961年

鏡泊飛泉

《虎踞龙盘今胜昔》　纸本设色　27.9cm×39.3cm　1962 年 7 月　南京博物院藏

《不辨泉声抑雨声》 1962年

《天池飞瀑》 1962 年

《岭背鸣泉》册页　1963 年

《李太白像》 137.3cm×68.7cm 1963年

《采桑子 · 重阳》词意图　纸本设色　33.7cm × 46.2cm　1964 年　南京博物院藏

《井冈山》 纸本设色 117cm×87cm 1964年1月 南京博物院藏

《延安》 纸本设色 62cm×73cm 1964年5月 南京博物院藏

《为李进同志题所摄庐山仙人洞照》诗意图　纸本设色　33.3cm×45.7cm　1964 年 2 月　南京博物院藏

《登庐山》诗意图　纸本设色　34.4cm×45.7cm　1964 年 2 月　南京博物院藏

《春风杨柳万千条》 1964 年

《西江月 井冈山》词意图 1964年

《水调歌头 · 游泳》词意图　纸本设色　34.1cm × 45.8cm　1964 年 2 月　南京博物院藏

《满江红 · 和郭沫若同志》词意图　1964 年

《茅山雄姿》　纸本设色　25.5cm×68.8cm　1965年　南京博物院藏

《秋林策杖》　册页　1965 年

《屈原》

《石勒问道图》

《琵琶行》

《琵琶行》

《二老观瀑图》

《四老观瀑》 109cm×62.2cm

《平沙落雁》　南京博物院藏

《月落乌啼霜满天》　南京博物院藏

《舟行吹箫》 1936年 蔡辰男藏

《暮年留言但看山》 20世纪40年代初 故宫博物院藏

《擘阮图》 20世纪40年代 私人藏

《入眼荒寒一洒然》 1941年

《梧荫消夏》 1942年 蔡辰男藏

《湘夫人》 104cm×60.3cm 1943年 故宫博物院藏

《长堤寒烟》 1943年 清华大学美术学院藏

《听琴》 1944年 郭沫若纪念馆藏

《唐人诗意》 68.5cm×46.5cm 1944年 私人藏

《溪亭观瀑图》 立轴 纸本设色 166cm×66cm 1944年 私人藏

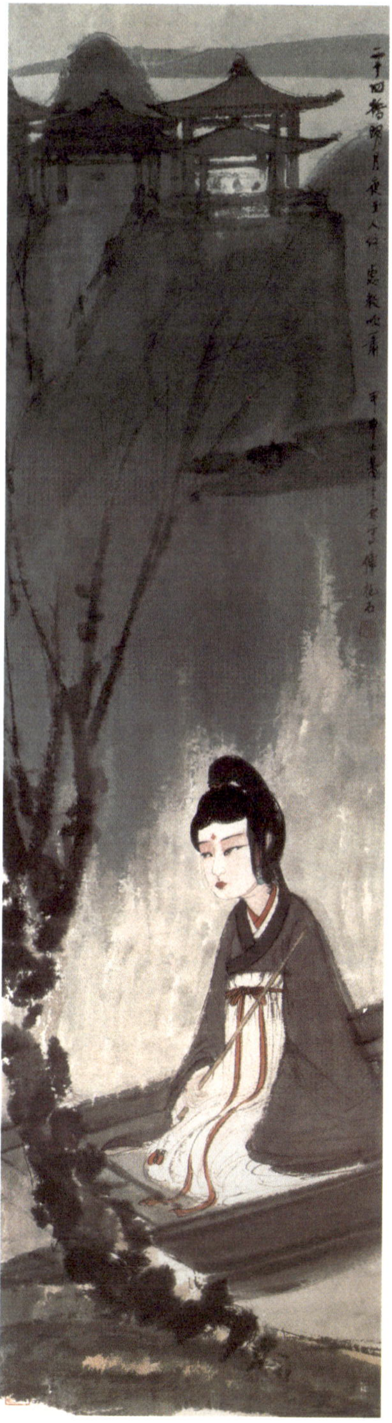

《玉人何处教吹箫》 153cm×42cm 1944年 私人藏

《谁会幽心》 1944年 蔡辰男藏

《林泉高寄》 立轴 纸本设色 113.5cm×66.5cm 1945年 私人藏

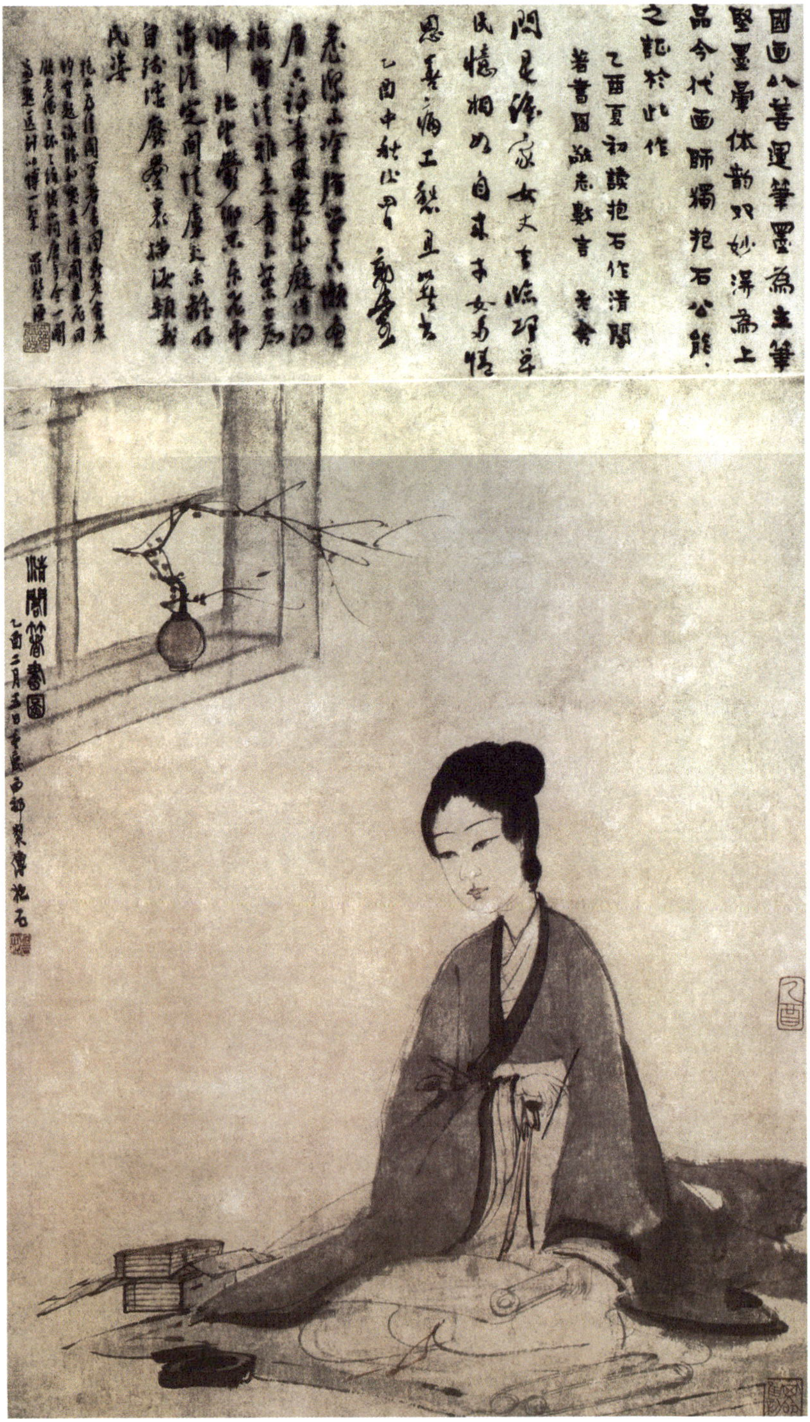

《清阁著书图》 1945年 原赵清阁藏

《蕉荫煮茶》 1945 年 故宫博物院藏

《程邃诗意图》 纸本设色 94.2cm×57.6cm 1947年 四川博物院藏

《听松听水图》　纸本设色　1947 年　中国美术馆藏

《金刚坡下之雾》　1953 年　朱洁夫藏

《九歌图·山鬼》 1954年 中国美术馆藏

《九歌土图册国殇》　1954 年　中国美术馆藏

《暮韵》 水墨设色 53.8cm×61.6cm 1956年 江苏省美术馆藏

《观瀑图》 纸本设色 105cm×34cm 1959年 寿崇德藏

《长白山飞瀑图》 1959年 鲁迅美术学院藏

《太华印象》 1960年 蔡辰男藏

《西陵峡》 1960 年 中国美术馆藏

《满身苍翠惊高风》　1962年　傅抱石家人藏

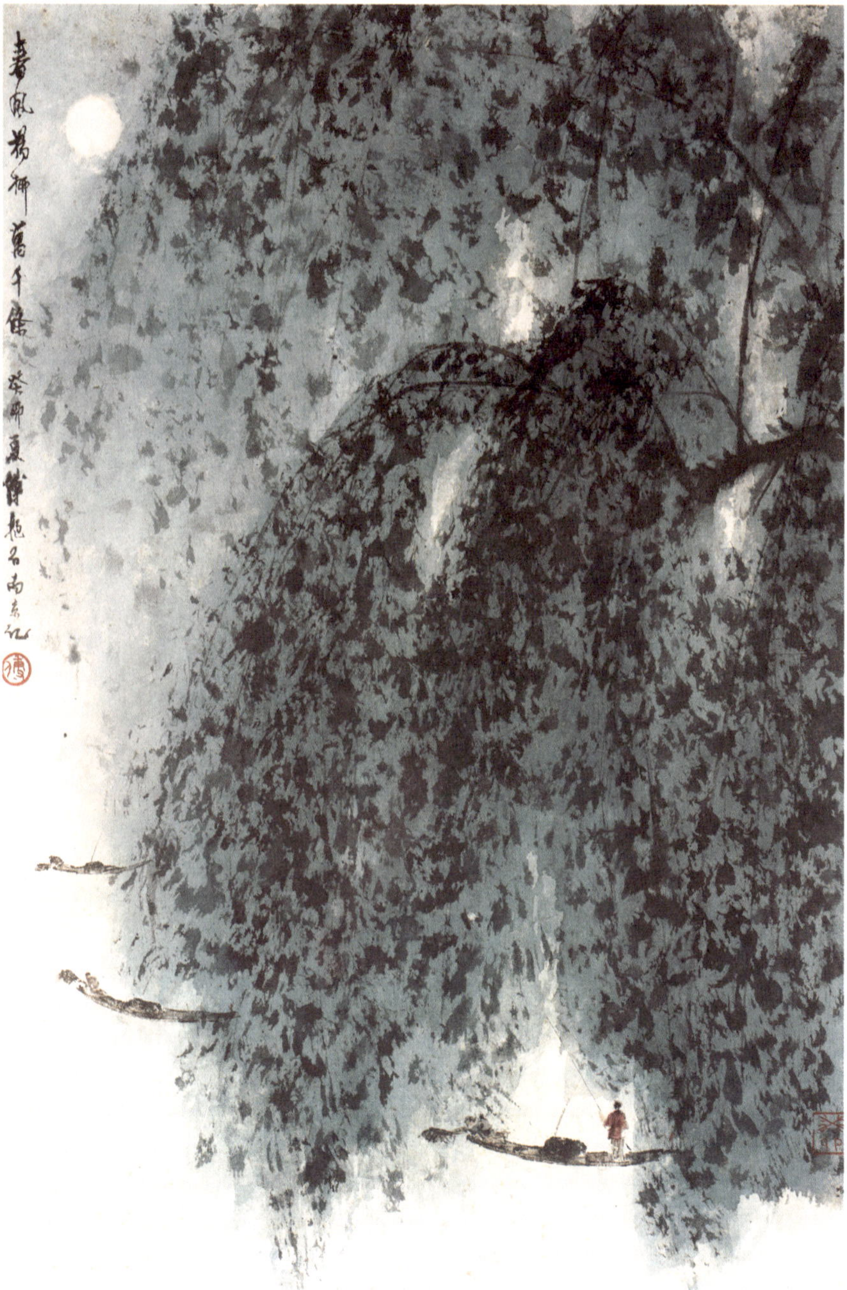

《春风杨柳万千条》 纸本设色 67cm×46cm 1963年 江苏省美术馆藏

《观瀑图》 纸本设色 83cm×42.6cm 1963年12月 北京荣宝斋藏

《飞瀑图》 纸本设色 68cm×44cm 1964年 北京荣宝斋藏

《长征第一山》 纸本设色 61.2cm×80.9cm 1965年7月 江苏省国画院藏

《无限风光在险峰》 1965年 莫愁湖公园

《游九龙渊诗意》局部　1965 年　郭沫若纪念馆藏

《巴山夜雨》 傅抱石家人藏

傅二石作品

《黄山朝晖》 190cm×370cm 2005 年

黄山朝暉
黄山之
美甲天
下余曾
屢登黄
山亦愛
画黄山
故黄山
於我可
謂亦師
亦友矣
乙酉年
傅二石
記於金
陵聽雨
樓

《云山幽游图》 234cm×105cm 2011年

《临流抚琴图》 144cm×111cm 2013年

《徂徕山中军帐风光》 137.5cm×69cm 2014年

《岷山冬雪》 137.5cm×69cm 2009年

《黄山晴云》 145cm×364cm 2014年

《青山高几重》 141cm×70.5cm 2006年

《寒冬之旅》 99.5cm×52.5cm 2010年

唐诗《风雪夜归人》 180cm×44cm 2016年

《林壑幽居图》 142.5cm×74.5cm 2009年

《邛崃山风光》 105cm×232cm 2014 年

邛崃山風光

《依山傍水几人家》 68cm×137cm 2006年

《川西冬季一景》 105cm×233cm 2015 年

《云雾山中》 68.5cm×137.5cm 2011年

雲霧山中
辛卯春月作于金陵拂云樓傅二石並記

《日日凭栏洗耳听》 142.5cm×74.5cm 2005年

《高山仰止》 142.5cm×74cm 2009年

《对弈图》 68cm×138cm 2010 年

對弈圖
古人有對弈廬山中者
七日世上已千年之傳說余
寫其洞中對弈圖豈知
萬千年之后尚有人知矣
庚寅傅二石于金陵

《雨后奔泉图》 94.5cm × 178cm 2009 年

雨後奔泉圖
唐王維有詩云山中一夜雨樹杪百重泉余寫是圖意亦在此矣己丑傅二石金陵並記

《登黄山》　69cm×70.5cm　2014 年

《北疆雪霁》 68cm×68.5cm 2012年

《拨云寻古道》 105cm×232.5cm 2012年

探

《云山流泉图》 138cm×68cm 2010年

《奇峰出奇云》 69.5cm×45.5cm 2010年

《“躲警报”的岁月》 49.5cm×69.5cm 2012 年

《秋山夕照》　70cm × 46cm　2009 年

《云浮奇峰》 50cm×70cm 2012年

《云涌苍山》 69.5cm×45.5cm 2010年

《山色秋更艳》 52cm × 68.5cm 2001 年

《在床上看书的孙靖华》　30cm × 40cm　1980 年